MANTENIENDO A NUESTROS NIÑOS SEGUROS

Roberta Cava

Copyright © 2017 por Roberta Cava

Todos los derechos reservados. Ninguna parte de este trabajo cubierto por los derechos de autor aquí en adelante puede ser reproducida o utilizada en cualquier forma o por cualquier medio - gráfico, electrónico o mecánico, incluyendo fotocopia, grabación, grabación o almacenamiento de información y sistemas de recuperación - sin el permiso previo por escrito del editor.

Publicado por Cava Consulting

info@dealingwithdifficultpeople.info

www.dealingwithdifficultpeople.info

Cava, Roberta
Manteniendo a Nuestros Niños Seguros

Biblioteca Nacional de Australia
Datos de catalogación en publicación:

ISBN 978-0-648443759

LIBROS DE ROBERTA CAVA

No ficción

Cómo tratar con Personas Difíciles
(23 editoriales - en 17 idiomas)
Tratar Situaciones Difíciles - En el Trabajo y en Casa
Tratar con Cónyuges y Niños Difíciles
Tratar con Parientes y Suegros Difíciles
Manejo de la Violencia Doméstica y el Abuso Infantil –
¡Desgracia Judicial de la Sociedad!
¡Lidiando con Matones Escolares – la desgracia educativa de la sociedad!
¡Lidiando con las Intimidaciones en el lugar de trabajo – la disonar corporativa de la sociedad!
Intimidadores en casas de retiro
Solo di no
Manteniendo a nuestros niños seguros
¿Qué voy a hacer con el resto de mi vida?
¡Antes de atar el nudo - Preguntas parejas Se deben preguntar entre sí Antes de casarse!
Cómo las mujeres pueden avanzar en los negocios
Habilidades de supervivencia para supervisores y gerentes
¡Recursos humanos en su mejor!
Políticas y Procedimientos de Recursos Humanos – Australia
Manual del Empleado
Fácil ven - duro para ir - El arte de contratar, disciplinar y despedir empleados
Tiempo y estrés - asesinos silenciosos de hoy
Toma el mando de tu futuro - Haz que las cosas sucedan
¡El vientre ríe para todos! - Volúmenes 1 a 4
¡Sabiduría del mundo! ¡Las cosas felices, tristes y sabias en la vida!

Ficción

Eso algo especial
Algo falta
Trilogía: La vida se complica
La vida continua
La vida se pone mejor

AGRADECIMIENTOS

Vaya mi agradecimiento a Marilyn precio-Mitchell, PhD, quien me dio permiso para usar su información de *'desventajas de las redes sociales: ideas sorprendentes de adolescentes.'*

También me gustaría agradecer a David Penberthy por permitirme utilizar su artículo que estaba en el correo de domingo en Junio 21st, 2015 couriermail.com.au: *tenía para peligro Digital.*

MANTENIENDO A NUESTROS NIÑOS SEGUROS

Tabla de contenido

Introducción   *1*

Capítulo 1 – Los peligros de las redes sociales   *3*

Ciber acoso
Ciber acoso
Explotación sexual
Seguridad en Internet
Peligro desconocido
Desventajas de las redes sociales
Diez desventajas de las redes sociales
Abordar las desventajas de las redes sociales
Había es peligro Digital

Capítulo 2 – Pedófilos   *23*

Salas de chat
¿Qué es un pedófilo?
¿Qué causa la pedofilia?
¿Se puede tratar la pedofilia?
¿Los pedófilos solo son atraídos por los niños?
La historia de un pedófilo
Pedófilos / abusadores de niños
Depredadores de caza
Pornografía
Los peligros de la pornografía

Capítulo 3 – acoso escolar   *33*

¿Qué es intimidación?
Acoso
Ignorando el intimidación escolar

Señales de intimidación
Matones físicos
Matones verbales
Pornografía
Matones que fueron víctimas
Hembra matones
Grupo / exclusión matones
Aquellos que fueron excluidos
Ser excluido puede aumentar el riesgo de suicidio
La exclusión conduce a una mayor agresión
Acoso sexual
Intimidación estudiantil
Intimidación del personal de la escuela
Intimidación del maestro
¿Por qué otros estudiantes no ayudan a la víctima?
Ayudando a la victima
¿Tu niño es un matón?
Novatada escolar
Stalkers
Lo que los padres pueden hacer para ayudar a un niño acosado
Políticas anti- intimidación
Políticas contra el acoso escolar en Australia

Capítulo 4 – Ciberacoso   63

¿Qué es el acoso cibernético?
¿Quiénes son los blancos del acoso cibernético?
¿Cuáles son los resultados para la víctima de intimidación?
El comportamiento de la víctima
Las cuatro etapas del miedo
Ejemplos de acoso cibernético
¿Qué tan común es el acoso cibernético en la adolescencia?
¿Por qué las personas son intimidadas cibernéticamente?
¿Qué se puede hacer sobre el acoso cibernético?
Previniendo el acoso cibernético
¿Cómo puedes detener el ciberacoso una vez que comienza?
¿Por qué el acoso cibernético es serio?
Sanciones por acoso cibernético
Lidiar con el acoso cibernético cuando sucede

¿Se puede detener el acoso cibernético?
¿Por qué el acoso cibernético es tan difícil de detener?
¿Cuándo debería involucrarse la policía?
¿Cómo evitar que su hijo sea la víctima?

Capítulo 5 – Nuevo sintético drogas 81

Video de tapones de crimen de drogas sintéticas
¿Cuáles son las nuevas drogas sintéticas?
Cannabis sintético
¿Cómo se puede reducir el daño de estas drogas?
Fumar durante y después del embarazo

Capítulo 6 –Drogas ilícitas 89

Alcohol
Analgésicos
Benzodiazepinas
Cafeína
Cannabis
Cocaína
Éxtasis
GHB
Alucinógenos
Heroína
Inhalantes
Metanfetamina
Naloxona
Óxido nitroso
Oxicodona
Cannabis sintético
Tabaco
Sobredosis de
Referencias
Hielo
Asesinato de Phil Walsh

Capítulo 7 - Depresión y suicidio entre adolescentes 107

¿Por qué los adolescentes experimentan mal humor?

¿Cómo manejar el malhumor normal?
¿Qué son los trastornos del estado de ánimo?
¿Qué tan comunes son los trastornos del estado de ánimo?
La diferencia entre malhumor y estado de ánimo trastornos
Ser excluido afecta el comportamiento
¿Cómo puede saber si su hijo adolescente está deprimido?
¿Qué deberías hacer?
Desglose de estrés
Autolesiones
¿Quién se suicida?
Factores relevantes para el suicidio adolescente
    Señales de advertencia
    Tratamiento
    Hable al respecto
    Haga una cita con su médico de cabecera
    Ver un especialista
    Desarrollar conjuntamente un plan
    Continúa apoyando a tu adolescente
¿Qué pueden hacer los padres?
Ayudando a su adolescente a enfrentar la pérdida
El suicidio adolescente es prevenible
Expresando sentimientos emocionales
¿Qué causa la ira adolescente?
    La ira de los niños: tu respuesta
Dormir bien por la noche

Capítulo 8 – Crecimiento   133

Baterías de botón
Confianza
Es difícil ser un adolescente
Conferencias familiares
Adolescentes fuera de control
Trabajo en equipo

Pubertad
    Pubertad para niños / niñas
    Cambios físicos en niños / niñas
    Cambios emocionales en niños / niñas
    Estrategia de período: pensar en el futuro
    Chicas adolescentes y autoconciencia
Desarrollo emocional y razonamiento
Desarrollo emocional y sentimientos románticos

Capítulo 9 - Ingresando a la escuela media   ***151***

Comenzando la escuela media
Discuta los cambios
Cómo hacer la transición más fácil
Enseñando independencia a su adolescente

Conclusión   ***161***

Bibliografía   ***163***

Introducción

Desde que me convertí en voluntario de Crime Stoppers en Queensland, cada vez me preocupan más nuestros hijos y nietos. En mi época, caminábamos solos a la escuela, y nuestros padres no temían que los pedófilos nos molestaran o nos secuestraran. Ahora, los niños casi no van a ningún lado excepto en grupos o son conducidos por sus padres. Esta vergonzosa pérdida de independencia está sofocando a nuestros hijos.

En mi época, teníamos drogas, pero eran algo que nunca vería o que incluso tendría la oportunidad de comprar, y no tenía ningún interés en ellas.

No había redes sociales para evitar que ejercitara mi cuerpo. No fui a 'salas de chat' donde podría estar expuesto a pedófilos. No tomé selfies que me avergonzarían más tarde cuando salpicaban Internet para que todos pudieran verlos.

No había teléfonos celulares para mantenerme enviando mensajes de texto a mis amigos las veinticuatro horas del día. Hablé con mis amigos; No les envié mensajes de texto o correos electrónicos. ¡Tuve una vida!

Es necesario llevar a cabo un estudio concentrado para determinar qué está causando que nuestros niños escapen de la realidad al usar drogas y mirar pornografía a edades cada vez más jóvenes.

Manteniendo a Nuestros Niños Seguros

Capítulo 1

Peligros de los medios sociales

Muchos adolescentes usan sitios web de redes sociales como Facebook, MySpace, Bebo, Twitter, Linkedin y ProfileHeaven para mantenerse en contacto con amigos de la escuela, la iglesia o el trabajo. Los adolescentes también los usan para hablar con extraños, adolescentes y otros, ya sea que busquen ayuda con sus tareas, consejos sobre un problema o una cita para el sábado a la noche.

FaceBook se lanzó el 4 de febrero de 2004. Inicialmente, estaba destinado a ser utilizado solo por estudiantes de Harvard, pero pronto se volvió viral y ahora es global, con 1.800 millones de usuarios en agosto de 2015. Ha sido un gran éxito. Sin embargo, dado que muchas personas tienen acceso a estas redes sociales, ya no es seguro que las personas lo usen para comunicarse con sus amigos.

FaceBook y otras redes sociales son una bendición para las empresas y organizaciones que desean que el mundo conozca su producto o servicio, pero las personas no deberían usarlo para comunicarse con los demás. Por ejemplo:

Mi nieta de 15 años vive en Canadá (vivo en Australia). Ella me ha catalogado como uno de sus *"amigos"* en FaceBook. Uso FaceBook para enviar mi boletín mensual a más de 800 personas. Nunca he conocido a estas personas, se han suscrito a mi boletín a través de mi sitio web.

Si mi nieta me envía un mensaje y hago clic en *"me gusta"* o le envió un mensaje, los 800 de mis *"amigos"* verán ella mensaje. Si responden, todos sus *"amigos"* también tendrán acceso a mi nieta, dejándola abierta para que se le acerque un pedófilo.

Recuerde que si publica algo y a un amigo le gusta o comenta sobre él, su publicación también será vista por todos los amigos de esa persona. Entonces alguien más comenta y todos los amigos de esa persona lo ven también. Como resultado, minutos después de publicarlo, cientos de personas pueden verlo, incluso miles de personas que ni siquiera conoces.

Los adultos también están en riesgo cuando están expuestos a fraude de identidad y acoso por parte de personas desagradables, por lo que no deben usar las redes sociales como un método de comunicación con sus amigos.

Los niños deben tener mucho cuidado cuando se conectan, especialmente cuando entran a las salas de chat. Los padres pueden evitar que sus hijos vayan a sitios para adultos, pero no pueden evitar que usen salas de chat.

Uno de cada cuatro niños que usan salas de chat en Internet será abordado por un depredador infantil.

Si los adultos son acosadores *cibernéticos* o *acosadores en línea* de niños, esto no se llama acoso cibernético. Una vez que los adultos intimidan a los niños o tratan de atraer a los niños a reuniones fuera de línea, se llama acoso en línea o acecho en línea. También se llama *explotación sexual* o seducción por un depredador sexual. Es por eso por lo que es extremadamente importante que ni los niños ni los adultos divulguen información personal en Facebook o en cualquiera de los otros sitios de medios de Internet, mejor aún, ¡no los use en absoluto!

Es extremadamente importante que los niños y adultos no proporcionen información personal en Facebook o en cualquiera de los otros sitios de medios de Internet.

Las salas de chat están llenas de pedófilos que se aprovechan de los niños. Por ejemplo, una niña de doce años reveló a sus padres que se estaba comunicando con un niño de catorce años en Internet. Ella había enviado una foto de sí misma y quería encontrarse con él en McDonald's. Se preguntó si debería ir a su encuentro. Sus padres llamaron a la policía para pedirle consejo y se las arreglaron para tener oficiales encubiertos de la policía en el restaurante cuando conoció al chico.

Como sospechaban, el chico era un hombre adulto, un pedófilo, que fue arrestado en el lugar. El hombre tenía antecedentes penales y había sido encarcelado por violar a dos niñas. Por lo tanto, los niños deben saber que no deben dar a extraños información extra en Internet y deben tener mucho cuidado de conocer a las personas que podrían conocer en línea. Este hombre sabía ella dónde vivía, a qué escuela iba y cuántos años tenía.

La policía obtuvo una orden, registró la casa del hombre, confiscó su computadora y se enteró de que estaba acechando a otras tres niñas y ya les había pedido que se reunieran con él. La policía pudo contactar a los padres de estas chicas para advertirles sobre el peligro en el que estaban las chicas.

Los expertos en computadoras de la policía también examinaron la información en las computadoras de las niñas y pudieron atrapar a una pandilla de pedófilos que intercambió información sobre las niñas.

Los pedófilos se conectan en línea para buscar consejos sobre cómo acercarse a los niños: en los campamentos, a través del cuidado de crianza, en las reuniones comunitarias y en innumerables otros eventos. Intercambian historias sobre encuentros diarios con menores. Y usan la tecnología para ayudar a llevar sus argumentos a otros, como compartir folletos imprimibles en línea para distribuir a los niños que explican los beneficios de tener relaciones sexuales con adultos.

Un informe de datos compilado por las autoridades escolares en Canadá identificó que:

- 23% de secundaria encuestado había sido contactado por correo electrónico;
- 35% en salas de chat;
- 41% por mensajes de texto en sus teléfonos celulares.
- 41% no sabía completamente la identidad de los autores.

¿Cómo mantendría los niños y adultos en contacto con sus amigos? Que utilizan e-mails donde mandan a granel e-mails a los amigos desean contactar. Que, por supuesto, podrían pasar en la información, pero no de la manera pasarían a través de los medios de comunicación social.

Pederastas no siempre utilizan internet; algunos pueden acechar a los niños siguiendo los. Muchos padres transportan de sus hijos a y de cada evento, pero algunos tienen que confiar en que sus hijos estarán a salvo de ir a y desde escuela y eventos. Estos padres deben intentar arreglar (posiblemente con ayuda de la escuela) para grupos de niños que viven cerca de viajar juntos, esperemos que con otros estudiantes mayores que pueden mantener un ojo hacia fuera para cualquier persona que parece sospechosa. O los padres pudieran compartir para recoger y entregar a los niños.

Aquí hay un excelente libro para niños más pequeños: ***El conejo de Benjamin y el peligro alienígena*** de Irene Keller.

Hay excelentes recursos en línea para los padres:

- ***El acoso cibernético y los niños de grado escolar:***

    http://childparenting.about.com/OD/technologyentertainment/a/Cyberbullying-and-grade-School-Age-Kids.htm

- ***Seguridad en Internet on-line:***

    http://childparenting.about.com/OD/technologyentertainment/a/Internet-Safety-for-Kids.htm

Seguridad de Internet

Estos pedófilos buscan un ambiente rico en víctimas para encontrar sus presas y la Internet se ha convertido en su lugar de hostigamiento. Para garantizar que sus hijos y su hogar estén a salvo de la amenaza de estos depredadores, los padres deben saber cómo proteger a sus hijos:

- Cuando sea posible, no deje a su hijo solo en una habitación con una computadora conectada a Internet y si traen una computadora a la escuela, asegúrese de instalar bloques de seguridad. Cualquier computadora conectada a Internet debe estar en la parte de la comunidad de la casa. Solo debe usarse cuando los padres están en casa y pueden controlar la actividad de sus hijos en la computadora. Piénsalo; ¿Alguna vez permitirías que un extraño subiera a la habitación de tu hijo y hablara con ellos durante cuatro horas? ¿Alguna vez dejarías a tu hijo solo en un parque y regresarías cuatro horas después?

- Es un mito que un niño en un ordenador en casa es seguro. Al menos, puede estar expuestos a materiales sexualmente explícitos, y en el peor, puede ser engañados por un pedófilo de Internet.

- Los padres deben educarse sobre los conocimientos básicos de informática. Deben ser los que configurar todas las cuentas de Internet y las contraseñas. Asegúrese de que saber de su hijo nombre de cuenta y contraseña. También deben ser conscientes de otras cuentas de correo electrónico que puede tener su hijo. Tómese el tiempo para aprender sobre Internet filtros, firewalls, software de monitoreo y otras herramientas. Use su historial del navegador, caché y cookies para averiguar qué sitios han visitado sus hijos. Introduzca su nombre, incluyendo apodos, en los motores de búsqueda más populares para ver si tienen perfiles públicos en redes sociales. Hacer lo mismo con su dirección y número telefónico. ¡Usted podría sorprenderse con cuánta de su información personal en línea es!

- *Bloqueo de ciertos sitios del ordenador no funciona. Equipo filtros no funcionan para salas de chat, y hay no hay bloques de salas de chat. Hay software para supervisar la actividad de un niño, pero no su actividad chat.*

- Tenga en cuenta. Los padres deben tener precaución si un niño de repente cierra una ventana del explorador en el equipo cuando el padre entra en la habitación, o si el niño no quiere que el padre para ver lo que está trabajando. Si el padre pregunta qué está mirando el niño, deben ir al ordenador y haga clic en el botón back en la barra de herramientas o inclinarse y mirar de cerca la pantalla del ordenador. Los padres también deben ser conscientes de los cuadros que la computadora.

- Pídales que nunca den información personal a través de Internet. Esta es una buena práctica tanto para niños como para padres. Hace que sea fácil para las personas averiguar sobre ellos si les han proporcionado información personal. Si tienen que dar cierta información, solo den su identificación estatal. Nunca le dé la ciudad, el cumpleaños, el nombre o la escuela a la que asista.

- Los niños nunca deben subir una foto de sí mismos en Internet. Nunca debe correo electrónico una imagen a esta nueva persona. Una vez que la imagen sale su equipo que han perdido el control de lo que se puede hacer con el cuadro. Un depredador puede hacerlo que quieran con él. Dejar a sus hijos de tomar y distribuir 'autorretratos.'

- Asegúrese de tener líneas abiertas de comunicación con sus hijos. A menudo, los niños se están comunicando con extraños porque no hay comunicación en el hogar. Tenga conversaciones abiertas con sus hijos para que se sientan cómodos hablando con usted. Deben saber que, si reciben material que los molesta o si no es apropiado, deben informarlo a la policía local para que se lo denuncien. Necesitan sentirse cómodos haciendo esto.

- Muchas veces, los niños sienten que hicieron algo incorrecto o algo que se suponía que no debían hacer, por lo que creen que perderán privilegios de computadora debido a esto. Es importante que sepan que pueden llamar la atención de sus padres sin meterse en problemas.

Si sospecha que su hijo tiene problemas, busque estos signos:

- Un niño que comienza a actuar de manera diferente, retraído, saca malas calificaciones o pasa mucho tiempo en Internet. Muchas veces, los niños pensarán que han encontrado a su nuevo "mejor amigo" y creen que esta persona los rescatará de su estancamiento.

Si los regalos comienzan a llegar al hogar, esto también debería ser una pista de que algo no está bien. Si su familia comienza a recibir llamadas telefónicas de personas que usted no reconoce, esto podría significar que hay serios problemas. O bien el niño le dio su número de teléfono al depredador o el depredador lo encontró. Esto puede significar una amenaza para su hijo y para toda la familia, especialmente si el depredador sabe dónde vive.

- Si sospecha que su hijo podría ser el objetivo de un pedófilo de Internet, llame de inmediato a la policía local.

Peligro de extraños

Enséñeles a sus hijos acerca del "peligro de extraños". Padres deben hablar con sus hijos sobre las personas que podrían querer lastimarlos. La mejor manera de proteger a sus hijos es involucrándolos en su propia protección:

- Los padres deben estar al tanto de posibles depredadores. Los signos típicos son: alguien que parece demasiado bueno para ser cierto, que ofrece amplia ayuda a su familia, que sabe demasiado acerca de sus hijos o hijos en general, especialmente si no tienen hijos propios. Debe conocer a todos los adultos que puedan tener contacto con su hijo.

- Hable con sus hijos sobre pedófilos tan pronto como puedan entender lo que quiere decir. Tan pronto como de tres a cinco años. Cuando los niños comienzan a interactuar con el mundo, están sujetos a ser víctimas.

- Dígales a sus hijos que los ama sin importar nada. Recuérdeles que pueden decirle cualquier cosa y que tu aún los amará con todo tu corazón.

- No tema asustar a sus hijos, pero tampoco les pida que se ocupen de asuntos de adultos. Hábleles en un idioma apropiado para su edad y deles instrucciones sobre qué hacer. Se sentirán fortalecidos sabiendo cómo protegerse. Tenga cuidado de compartir sus propias experiencias si fue abusado sexualmente, por ejemplo. Proporcionar demasiados detalles y recordar la tragedia puede crear un ambiente de carga sexual y ser perjudicial para sus hijos a largo plazo.

- Los niños necesitan saber que tienen derecho a decir "No", gritar o pedir ayuda. Puedes contradecir lo que saben sobre el respeto a los adultos, pero diles si se sienten amenazados, tienen tu permiso para hacer una escena o huir a un lugar público. Y deben saber que no se meterán en problemas si sus temores no están justificados. Hágales saber que nadie tiene derecho a lastimarlos o tocarlos de manera inapropiada. Enseñe a su hijo a llamar si llega un extraño cuando no hay otros adultos cerca.

- Asegúrese de que sus hijos sepan qué comportamiento aceptable es y qué está fuera de los límites; que hay áreas privadas de sus cuerpos que nadie más debería tocar.

- Ensaye la respuesta de su hijo al peligro. Si él / ella no lo practica, su hijo realmente no sabrá qué hacer. No es suficiente decirle a su hijo que grite pidiendo ayuda. En vista del peligro, un niño podría olvidar, así que ensaye, actúe y practique lo que su hijo debería hacer.

- Recuérdeles a sus hijos que los depredadores no necesariamente se ven espeluznantes o extraños. Una persona peligrosa puede parecerse a la persona de al lado, o incluso ser alguien que conocen.

Desventajas de las redes sociales: Sorprendentes percepciones de los adolescentes: por Marilyn Price-Mitchell, PhD - Usado con permiso.

Marilyn Price-Mitchell, PhD es psicóloga del desarrollo y miembro del Fielding Institute for Social Innovation. Ella escribe para Psychology Today sobre el desarrollo positivo de la juventud.

"Honestamente, a veces realmente deseo que las 'herramientas' como el iPhone (o cualquier teléfono inteligente), las computadoras portátiles, iPads, tabletas, etc. no se hayan inventado. Claro, son geniales, asesinos del tiempo increíblemente útiles y divertidos, pero la forma en que los adolescentes abusan de ellos y los convierten en mini salas de control social es francamente horrible."

A primera vista, podría pensar que esta cita vino de un padre o abuelo lamentando las desventajas de las redes sociales y cómo las redes sociales han condenado a los niños de hoy. Sin embargo, fue escrito por un alumno de décimo grado como parte de una tarea para responder a la pregunta: *'¿Cómo ha influido la red social en línea en sus relaciones con amigos y familiares?'*

El estudiante continuó escribiendo: *"La forma de vida de los adolescentes ha cambiado completamente de lo que era hace solo veinte años. Ahora, hay una disminución dramática en la comunicación cara a cara, lo que reduce la capacidad de nuestra generación para interactuar con los demás a nivel oral."*

Diez desventajas de las redes sociales

Estas son las desventajas más discutidas de las redes sociales según estos alumnos de décimo grado, incluidas las citas de sus ensayos.

1. Carece de conexión emocional

"Hace un par de semanas, uno de mis amigos y yo tuvimos una pelea y ella me contó todos sus sentimientos acerca de por qué me ignoró durante dos semanas". Asumiendo que había sido realmente difícil de decir en mi cara, ella me envió un mensaje de texto. Lo malo fue que no sabía si realmente lo sentía porque no lo escuché. La calidad de una conversación en las redes sociales es horrible. porque no puedes sentir la emoción o el entusiasmo de la otra persona. quieren decir lo que dicen."

2. Le da a la gente una licencia para ser hiriente

"Creo que ha llegado a un punto extremo en el que puedes decir cosas que no puedes decir o que no dirías en persona."

"Estoy decepcionado cada vez que escucho que las redes sociales se usan como una forma de lastimar a las personas, me pregunto si esto sucede cuando los escritores olvidan que hay personas reales detrás de la pantalla."

3. Transmite una expresión inauténtica de sentimientos

"Las conversaciones en las redes sociales de hoy están llenas de 'ja, ja', 'LOL' y otras exclamaciones que deberían representar la

risa. Esta taquigrafía se ha convertido en una segunda naturaleza y se usa cuando el emisor ni siquiera sonríe, y mucho menos se ríe en la vida real , según Robin Dunbar, un psicólogo evolutivo de Oxford, el verdadero acto físico de la risa y no la idea abstracta de que algo es divertido es lo que hace que la risa se sienta tan bien?"

4. Disminuir las habilidades de comunicación cara a cara

"La dependencia de la computadora puede dañar la capacidad de una persona de mantener una conversación cara a cara al hacer que resulte extraño e inusual escuchar algo y responder con un mensaje reflexivo a través de la palabra hablada debido a la dependencia del teclado de transmitir un mensaje."

5. Disminuye la comprensión y la consideración

"Desde el inicio de las redes sociales, la calidad de las conversaciones ha disminuido. Creo que la gente está pasando tanto tiempo en línea que no siempre entienden el sentimiento, la emoción y / o el carácter de la persona con la que están hablando. Cuando hablas con alguien a través de un mensaje o incluso una voz, no siempre puedes entenderlos por completo."

"Las redes sociales han arruinado la consideración al decir hola en persona. Por ejemplo, puedes saludar a tu amigo en Alemania con Facebook, chatear en segundos; pero ¿y si no hubiera forma de comunicarse a través de las redes sociales, bueno, tendrías que escribirles una carta o llamarlos por teléfono, y eso es algo muy considerado."

6. Hace que las interacciones cara a cara se sientan desconectadas

"Cuando veo a mis amigos en sus teléfonos y estoy cerca de ellos, me siento desconectado a pesar de que estamos a solo dos pies de distancia ... Desafortunadamente, a veces los amigos utilizan sus teléfonos tanto que es difícil tener una conversación real con ellos. Algunos amigos pueden sentirse tan unidos socialmente a algo como un blog o una consola de juegos que pierden contacto con sus amigos, creando pequeños vacíos en las amistades / relaciones cercanas."

7. Facilitar la pereza

"La nueva era socialmente activa causa pereza porque en vez de correr hacia tus amigos, puedes enviarles mensajes, o en lugar de subir las escaleras para notificar a la familia que la cena está lista, puedo bloguear. Las redes sociales hacen que la vida sea tan conveniente que fomenta la pereza. En mi opinión, mantenerse en forma es importante, pero es difícil ir más allá del statu quo recientemente desarrollado."

"Es realmente fácil pasar horas sin hacer nada ... Es una manera fantástica de perder el tiempo."

8. Crea una autoimagen sesgada

"Nos decimos mentiras sobre nosotros mismos y desarrollamos algo que no somos. Publicamos fotos de nosotros con un aspecto perfecto y compartimos las buenas noticias. Nunca publicamos fotos de nosotros mismos cuando nuestro perro muere, cuando alguien que amamos se va y cuando perdemos un trabajo. Nunca compartimos las malas noticias que siempre nublan nuestras vidas. Todos desarrollamos esta imagen perfecta de nosotros mismos y algunos de nosotros realmente intentamos confiar en este pensamiento imaginativo que tenemos de nosotros mismos en lugar de permanecer fieles a lo que somos."

9. Reduce la cercanía familiar

"El envío de mensajes de texto, Facebook, Twitter y Gmail nos aleja de nuestras familias más de lo que realmente creemos que es ... Cuando mi familia pasa tiempo con la familia y ve una película, en realidad, mi hermano y yo estamos en nuestros teléfonos de ver la película con nuestros padres."

10. Causa distracciones

*"Cuando tengo mi teléfono, me hace sentir que nada está sucediendo a mi alrededor. Uso las redes sociales como una forma de sentirme popular, importante y también a gusto. Mis amigos y yo siempre nos comparamos, preguntándonos quién tiene más amigos de Facebook o seguidores de Twitter. Pero lo que realmente termina sucediendo es que empiezo a hablar menos y termino confiando en el texto para una conversación. Como tengo un teléfono inteligente, me he distraído de todo. Veo

menos televisión, hago menos tareas e incluso paso menos tiempo con mis amigos y mi familia."

Abordar las desventajas de las redes sociales

Las desventajas de las redes sociales continuarán siendo estudiadas en las próximas décadas. Mientras tanto, ya sabemos que es una importante fuente de preocupación entre los defensores de la privacidad y los padres que se preocupan por la seguridad de sus hijos. Pero claramente, las desventajas de las redes sociales son mucho más profundas que la privacidad y la seguridad. Estos estudiantes de secundaria describieron algunos de los graves inconvenientes de las relaciones: la base del desarrollo humano.

En su libro **Lightweb Darkweb; Tres razones para reformar las redes sociales antes de que nos reforma,** Raffi Cavoukian proporciona una gran cantidad de evidencia para sugerir una reforma necesaria. Él desafía a padres, educadores y ciudadanos a ver la conexión entre el desarrollo juvenil y lo que él describe como un "vasto experimento sociológico" que puede cambiar para siempre las relaciones humanas.

El *'Lightweb'* es conocido por todos los que usan Internet como parte cotidiana de la vida. Nos conectamos fácilmente con cualquier persona en todo el mundo, no solo a través del correo electrónico, sino a través de una variedad de plataformas en línea y aplicaciones de mensajes de texto, incluso en los dispositivos informáticos personales más pequeños; tenemos acceso a un almacén global de información; los potentes motores de búsqueda encuentran documentos, argumentos y precedentes históricos, y casi todos en línea los conectamos por audio y video con cualquier persona, de forma gratuita; podemos construir una biblioteca de música y entretenimiento en línea sin salir de casa; tenemos dispositivos de tamaño de la palma de la mano con capacidades deslumbrantes para aprender, grabar, compartir y conectar.

La *'Darkweb'* está allí también. Los impostores, los depredadores y los sitios porno están al acecho en las sombras de la Supercarretera de la Información y atraen fácilmente a los usuarios desprevenidos. El robo de identidad es un problema, como lo es la pérdida de privacidad debido a las prácticas de 'minería de datos' de las compañías de medios sociales. Las plataformas en línea permiten a los acosadores encontrar las direcciones y números de teléfono de usuarios desprevenidos que son intimidados, avergonzados y acosados sin piedad.

Los cientos de millones de usuarios jóvenes que nunca tuvieron la intención de estar en las redes sociales (SM) son más vulnerables a las violaciones de seguridad, a veces con consecuencias letales.

Los evangelistas netos animan el mundo virtual con poca reserva. Sin embargo, aunque hay escasas pruebas de que el compromiso diario en línea contribuya, por ejemplo, al desarrollo del carácter en nuestros jóvenes, sí tenemos evidencia de adicción a la red y adicción a SM, con impactos negativos en el bienestar personal y la productividad.

La crisis de SM es difícil de perder: si los niños *(los usuarios no intencionados para quienes no se diseñó la red)* no son seguros en las redes sociales, si no pueden evitar con eficacia lo peor de la Darkweb, tenemos una catástrofe social - un desafío creciente a la salud física y mental. La oportunidad, en pocas palabras, es esta: si las redes sociales se reforman con funciones de seguridad sistémica, si los padres y maestros ponen límites razonables en el tiempo de pantalla y las restricciones de edad en el uso de la red, podemos sacar lo mejor de una situación muy difícil: beneficiarse Lightweb minimizando su sombra.

'D es para Digital Peligro ' de David Penberthy - Domingo 21 de junio de 2015 couriermail.com.au '

Usado con permiso.

No creo haber conocido a un padre con hijos en ellos adolescencia que no se preocupe por los excesos de la era digital. Es una de las pocas cosas que realmente me preocupa como padre.

El entusiasmo con el que tantos jóvenes, especialmente las niñas, renuncian a su privacidad al vivir cada elemento de sus vidas en el ciberespacio. La medida en que tantos jóvenes, niños y niñas lo hacen de la manera más problemática, puede acceder a las marcas de pornografía más enfrentadas en un momento en que sus relaciones con el sexo opuesto son en gran medida un trabajo en progreso.

Esta semana hubo dos casos judiciales que trajeron estos asuntos en claro relieve. Los casos plantearon serias preocupaciones sobre la forma en que las niñas y los niños aprenden a comportarse en línea.

También plantearon preguntas preocupantes sobre si las pautas de sentencia permiten a los tribunales tomar medidas enérgicas contra los depredadores en línea.

El primero fue un caso federal en el que la AFP arrestó a Trevor Phillip Harris, de 27 años, por solicitar docenas de imágenes obscenidades de niñas de trece a diecisiete años y chantajearlas para proporcionarle más al amenazar con subir las imágenes existentes para su visualización general en línea.

El nivel de acoso estaba fuera de escala, con una de las mujeres jóvenes contactada por este hombre a través de Skype 133 veces con sus amenazas.

El segundo era un estado que involucraba a Daniel Paul Guillard, de veintidós años, que había subido e intercambiado casi 300 imágenes de la peor categoría de pornografía infantil que se conoce como categoría cinco.

Le ahorraré los detalles tal como los ha señalado el juez sobre qué categoría cinco involucra. Te hará vomitar.

La característica insondable de estos casos fue que los jueces en sus declaraciones de sentencia no podían haber sido más mordaces con los delincuentes, los cuales eran culpables, sino que procedieron a entregar las sentencias que parecían estar a un millón de millas de los estándares de la comunidad.

Harris fue descrito como carente de remordimiento o contrición. A Gillard se le dijo, con razón, que gente como él ayudó a crear una industria de pornografía infantil. Harris enfrentaba una sentencia máxima de 10 años. Recibió una sentencia suspendida de dos años y dos meses, y se le ahorró un segundo de encarcelamiento porque padece agorafobia, miedo a los lugares públicos, una condición que según el juez hizo que su encarcelamiento fuera problemático. Se le exigió pagar una buena fianza de comportamiento de solo $200.

Se mencionó el hecho de que Gillard había estado sufriendo depresión debido a que su novia de catorce años, que vive en los Estados Unidos, lo abandonó a quien conoció en línea.

No pretendo entender todo sobre los principios de la sentencia, pero, para mí, eso no parece una circunstancia atenuante. Un joven de veintidós años que sale con un chico de catorce años suena como más evidencia de que el tipo es un bicho raro.

Pero ¿qué pasa con la naturaleza completamente indolora de los bonos que estos dos estaban obligados a pagar?

Recibí una multa de estacionamiento en la ciudad el otro día por $58. Eso está cerca de lo que el tribunal le ordenó pagar a Gillard. Un compañero mío corrió una flecha roja hacia la izquierda, conduciendo al amanecer, sin tráfico a su derecha. Él no debería haberlo hecho, obviamente. Su multa fue de $960 casi diez veces el bono impuesto a Gillard y cinco veces el sufrido por Harris.

Estoy totalmente a favor de obedecer las normas de la carretera, pero parece un poco mal que la única parte del sistema de justicia penal que opera con tolerancia cero involucre infracciones de tráfico de menor nivel.

Sin embargo, hay mucho margen de maniobra para los pervertidos que llevan tarjetas como Harris y Gillard. La próxima vez que esté a 69 km / h en un área de 60 km / h, tal vez podría ir a la corte y explicarle que está deprimido porque su novia menor de edad se fue, o que sufrió agorafobia.

Tienes que sentir por la policía en estos dos casos. Hacen todo lo posible para atrapar a estos criminales, documentar bien sus casos y luego testificar para ver a los hombres culpables siendo azotados con una pieza de lechuga.

Sin embargo, el problema va más allá de los tribunales. Una de las mejores columnas que he leído este año fue de Nikki Gemmell en *The Australian*, que señalaba la hiper-sexualización de los jóvenes en la era digital.

La columna habló sobre cómo muchas chicas estaban dispuestas a sacrificar su dignidad y privacidad porque simplemente creían que ahora era la norma para interactuar con los niños en forma de una selfie en topless, o algo peor.

En el otro extremo del espectro, Gemmell escribió acerca de cómo tantos miembros de esta generación de adolescentes corrían el riesgo de crecer incapaces de excitarse con el sexo convencional o la forma femenina desnuda, expuestos como si estuvieran al "sexo" en su forma más aberrante y humillante formas.

Hay mucho de lo que Gemmell consultó en los dos casos explorados aquí.

El caso de Harris demuestra cómo las adolescentes tienen tanto la tecnología como la preparación, incluso bajo coacción, para tomar parte en actos que hace menos de una década estaban más allá del ámbito de la contemplación.

Y, en cuanto a Gillard, sin proponérselo como excusa, es el producto triste y retorcido de una era digital donde los humanos han sido tan degradados que han sido deshumanizados.

Oraciones de cárcel más rígidas instaron

A un enfermero, Phillip Rohan Marcus Dibbs se le permitirá volver a postularse para trabajar como profesional de la salud dentro de diez años, a pesar de que está cumpliendo una sentencia de cárcel por múltiples delitos sexuales contra un niño. Fue condenado a seis años de cárcel en diciembre de 2012 después de declararse culpable de 13 delitos sexuales con niños.

El juez del Tribunal de Distrito Stuart Durward describió la conducta de Dibb como *"depravada y repugnante."*

Dibbs entregó su registro en 2012 y el año pasado la Junta de Enfermería y Partería interpuso un expediente disciplinario contra él. Vicepresidente del Tribunal Civil y Administrativo de Queensland, Juez Alexander. Ordenó que Dibbs fuera descalificado para solicitar el registro durante diez años a partir de junio de 2015.

¿Por qué dejamos que este hombre vuelva a acercarse a los niños? ¿No aprendemos alguna vez?

Recursos para padres y niños

www.notforkids.info es un libro para niños más pequeños que les enseña cómo responder si ven imágenes en línea que los hacen sentir incómodos.

www.itstimewetalked.com.au tiene hojas informativas sobre cómo comenzar una conversación sobre pornografía y el daño que puede causar.

Consejos de seguridad para usar las redes sociales

Los padres / profesores / escuelas deberían proporcionar a los niños información básica sobre el uso de teléfonos inteligentes y redes sociales, cómo proteger sus contraseñas, garantizar la seguridad personal en línea, los peligros del sexting, lo que constituye el ciberacoso y compartir imágenes. Las imágenes desnudas pueden convertirse en una ofensa criminal. Necesitan señalar que la pornografía no refleja una relación sana y es una visión distorsionada del sexo; No es una plantilla de cómo deben llevar su propia vida íntima; y puede arruinar para siempre tener una relación sexual normal con tu pareja. Algunos hombres que han visto pornografía durante años descubren que se vuelven impotentes cuando intentan tener relaciones sexuales normales con una mujer.

Explicar sobre los niños conducidos al suicidio debido al acoso cibernético; aquellos que ahora tienen antecedentes penales por compartir imágenes pornográficas y aquellos que fueron hospitalizados porque estaban en sus teléfonos cuando cruzaban la calle.

Dígales qué hacer si se encuentran en una sala de chat; cómo responder si alguien pide una foto desnuda y cómo terminar un texto incómodo o una conversación por correo electrónico.

No importa cómo los estén usando, aquí hay algunas cosas que se deben tener en cuenta cuando se están socializando en línea.

No use su nombre real:

Puede parecer obvio, pero para muchos adolescentes, no lo es: use un alias (un nombre inventado) para sitios como MySpace. Está bien decirles a los amigos de confianza de la escuela cómo encontrar su perfil y qué nombre utilizas para chatear y enviar mensajes instantáneos, pero mantén su nombre, edad y otra información de identificación fuera de su página si es posible. Mantiene a muchos personajes sombríos buscando otra información sobre ellos, como su dirección o la escuela a la que asisten.

Sé privado:

Especialmente si no pueden usar un alias, deben ser extremadamente cuidadosos con respecto a quién dejen entrar en su círculo más cercano de amigos en los sitios de redes sociales. Considere configurar su perfil en privado para que puedan examinar cuidadosamente quién puede ver su página.

Además, asegúrese de que no publiquen fotos que puedan dar a las personas una idea equivocada sobre ellas. Aquí hay una buena regla general: *si les avergüenza que su maestro favorito o los padres de su mejor amigo lo vean, probablemente no pertenezca a su página.*

Mantenga su dirección y número de teléfono para ellos:

Incluso si examinan cuidadosamente a sus amigos en línea, es un buen sentido común mantener la mayor cantidad posible de información de contacto. No deberían compartir el nombre de su escuela o incluso su lugar de reunión favorito después de la escuela en su página, ni siquiera en un boletín o invitación.

Si deben incluir alguna información de contacto, enumere su cuenta secundaria de correo electrónico, no la que usan para las cosas cotidianas. Los spammers y phishers adoran tomar direcciones de correo electrónico de las páginas de Facebook y MySpace, por lo que también deberían usar una dirección de correo electrónico con un buen filtro de spam.

Establecer límites de tiempo:

Hacer concursos, escribir comentarios y publicar videos en su sitio o en los de sus amigos es muy divertido, pero puede consumir toda la tarde. Deben reservar un tiempo específico, por ejemplo, cuarenta y cinco minutos para revisar sus mensajes, enviar algunos gritos y quizás jugar un juego rápido de Scrabulous.

Si desean tener una charla, deben asegurarse de que su tarea esté terminada y de que no tengan obligaciones familiares antes de ingresar a la red. Mejor aún, ¿por qué no llamar a su amigo por teléfono o reunirse con ellos para escuchar música o ver su programa de televisión favorito?

Se respetuoso:

Use el mismo sentido de la decencia y la etiqueta que en la escuela: es decir, no coquetear con las novias y novios de sus amigos; y discúlpate si han herido los sentimientos de alguien y evita burlarse, intimidar o molestar a los demás. Internet tiene un karma propio: lo que reparten va a hacer su camino de regreso a ellos; Es solo cuestión de tiempo. (Lo mismo ocurre con la bondad y el buen comportamiento, por supuesto).

Su hijo ya no es un niño pequeño, y eso significa que, a estas alturas, debería haber dominado ciertas habilidades de independencia. Los adolescentes son capaces de hacer mucho y aprender a dominar ciertas habilidades cotidianas motivará a su hijo a aprender más y sentirse como un niño grande.

Capítulo 2

Pedófilos

¿Qué es un pedófilo?

Un pedófilo es una persona que tiene una orientación sexual hacia los niños, generalmente de 13 años o menos. En la mayoría de los casos, el pedófilo tiene al menos dieciséis años y al menos cinco años más que el niño. Sabemos que los pedófilos son abrumadoramente masculinos, que su deseo puede fluctuar y que puede haber cierta efectividad en la medicación antidiv libidinal para ralentizar o reducir sus reacciones sexuales, aunque los investigadores aún cuestionan su efectividad.

La pedofilia se define como una parafilia que incluye fantasías recurrentes e intensas de excitación sexual, impulsos sexuales o comportamientos que involucran a niños, sujetos no humanos, otros adultos sin consentimiento o el sufrimiento o la humillación de uno mismo o de la pareja.

Algunos pedófilos se abstienen de acercarse sexualmente a cualquier niño a lo largo de sus vidas. En un extremo del espectro están aquellos que prefieren tener relaciones sexuales con niños, pedófilos, mientras que hay otras personas que tendrán relaciones sexuales con niños debido a la situación particular en que se encuentran. Podría ser solo por curiosidad; podría ser porque no sienten que los niños los juzgarán como lo harán los adultos; podría ser que tienen relaciones sexuales con cualquier cosa y los niños son solo uno de los espectros; podría ser un escenario de venganza; Él está en una relación con alguien, pero se siente desafecto de alguna manera; él no tiene poder o control, o siente que su compañero lo está dominando, por lo que elige niños.

Hay algunos que demuestran una fijación de por vida; es su principal enfoque sexual. Hay otros que se sienten atraídos periódicamente por los niños, pero no todo el tiempo. Algunos pedófilos serán rechazados y tratarán de evitarlo, y otros darán paso a él porque la sexualidad es un poderoso impulsor del comportamiento humano.

La pedofilia se puede caracterizar como exclusiva o no exclusiva. Los pedófilos exclusivos son atraídos solo por los niños. No muestran interés en las parejas sexuales que no son niños prepuberal. Los pedófilos no exclusivos son atraídos tanto por adultos como por niños. Un gran porcentaje de hombres pedófilos son homosexuales o bisexuales en orientación a los niños, lo que significa que se sienten atraídos por hombres y mujeres adultos y / o niños y niñas.

Encuentran puestos donde pueden encontrar fácilmente a los niños. Internet se ha convertido en un terreno de caza común para atacar a los niños. Hoy, cada vez más niños usan cuentas de Facebook. Al crear un perfil que muestra la información personal de uno, estos niños indirectamente ayudan a los pedófilos a encontrar su próximo objetivo. Pueden hacer amigos con los niños y manipular, atrapar y atraer sus objetivos hacia un falso sentido de confianza.

Algunos pedófilos pueden *fingir que son otra persona,* como un compañero de clase. Otros desarrollan amistad con los niños y luego organizan tiempos y lugares, para que puedan actuar y cumplir sus deseos sexuales.

La mayoría de la gente imagina a los pedófilos como viejos feos vestidos con impermeables, escondidos en los arbustos, con la esperanza de arrebatar niños pequeños de la calle. Sin embargo, los recientes programas de televisión han expuesto a los pedófilos como vecinos locales, amigos de confianza, clérigos, niñeras, maestros e incluso miembros de la familia.

Mucha gente asume que solo los hombres son pedófilos, sin embargo, hay mujeres pedófilas. Estos depredadores muestran un comportamiento similar, como pensamientos irracionales, pensamientos repetitivos y muchos sufren de trastornos psiquiátricos o problemas de abuso de sustancias. También hay una mayor probabilidad de que fueron abusados sexualmente cuando eran niños. Como niños, carecían de la capacidad de controlar la situación. Al abusar sexualmente de niños, los pedófilos intentan revivir el trauma que experimentaron y aprenden a dominarlo. Una reversión completa de los roles que en sus mentes les da la ventaja y les impide volver a ser víctimas.

La Iglesia Católica frunce el ceño ante algún comportamiento sexual con los niños. Una gran cantidad de hipocresía rodea el escándalo de abuso sexual en la Iglesia Católica. En muchos casos, el clero era un pedófilo. Estos sacerdotes abusaron sexualmente de menores, principalmente monaguillos y ejercieron el poder sobre estos muchachos. Sin embargo, los niños católicos siguen siendo vulnerables a los delincuentes sexuales independientemente de su fachada pública.

Los niños que fueron víctimas del clero eran fácilmente accesibles, vulnerables y no amenazantes. Estos sacerdotes que participaron en el comportamiento sexual con jóvenes deben rendir cuentas por sus acciones. La Iglesia debería tomar medidas apropiadas para corregir este tipo de comportamiento y hacer que sus sacerdotes pedófilos busquen tratamiento para su trastorno y mantenerlos alejados de los niños.

Hay patrones para las manipulaciones de pedófilos; técnicas consistentes mediante las cuales preparan la confianza del niño y de quienes lo rodean. A menudo, el niño conoce al abusador y el hombre puede ofender a través del puesto de confianza. Un padre o padrastro puede ser el abusador. Podría ser un mentor o entrenador deportivo o, a menudo, a través de la amistad o la asociación con la familia. *Se alienta al niño a guardar secretos* y el pedófilo trata de aislarlos de otras personas. Algunos pueden ofrecer sobornos.

Los abusadores encuentran áreas de interés común con el niño; Halagan su inteligencia y perspicacia, les dan regalos y les prestan más atención que sus padres. Conspiran para crear situaciones donde ellos y el niño estarán juntos. El aislamiento es importante para el pedófilo; no solo disminuye la posibilidad de detección, sino que también crea un falso pero halagador sentido de conspiración con la víctima.

No hay ningún tipo de niño que sea más vulnerable que otro; los objetivos provienen de todos los sectores de la sociedad y de diferentes tipos de familias, no solo de hogares rotos, como comúnmente se piensa.

¿Qué causa la pedofilia?

Los factores biológicos y ambientales contribuyen a la pedofilia. Los abusadores tienen problemas con el autocontrol; tener impulsos extremos y distorsiones cognitivas. Muchos expertos creen que los trastornos por preferencias sexuales surgen de las experiencias de la infancia.

¿Se puede tratar la pedofilia?

Aunque la mayoría de los expertos no creen que los sentimientos de pedofilia de una persona sean curables, la terapia puede ayudarlos a manejar esos sentimientos y no a actuar sobre ellos. Algunos pacientes con alto riesgo de cometer delitos sexuales pueden necesitar medicamentos para reducir su deseo sexual.

Hay ningún tipo de niño que es más vulnerable que otro; objetivos vienen de todos los sectores de la sociedad y diferentes tipos de familias, no sólo rompe hogares como comúnmente se cree.

Los programas de televisión no solo exponen a los pedófilos, sino que también hay nuevas leyes de divulgación de delincuentes sexuales, sitios web que rastrean delincuentes sexuales condenados y más investigaciones de pedofilia, especialmente después del escándalo de abuso sexual en la Iglesia Católica. Los impulsos sexuales asociados con la pedofilia nunca pueden desaparecer de manera permanente. La mayoría del tratamiento se centra en prevenir más ofensas, en lugar de cambiar la orientación sexual.

La investigación muestra que el mayor porcentaje de personas que cometen estos delitos se han ofendido contra sí mismos. Cuando son detenidos, algunos usuarios de pornografía infantil expresan su alivio porque no creían que pudieran dejar de ofender por sí mismos. Otros no expresan remordimiento en absoluto, no tienen sentimientos de culpa por sus acciones.

Para que el tratamiento psicológico sea beneficioso, deben ocurrir tres cosas: el paciente está motivado para cambiar; el terapeuta desarrolla una relación con el pedófilo; y a veces se ejercen incentivos o coacciones externas para recibir tratamiento, como revocar la libertad condicional.

¿Los pedófilos solo se sienten atraídos por los niños?

Algunos pedófilos pueden sentirse atraídos tanto por los adultos como por los niños, pero es difícil saber qué tan común es. Esto se debe a que la mayoría de las investigaciones de pedofilia se basan en personas que fueron arrestadas por delitos sexuales contra niños y que tienden a exagerar su interés sexual en adultos para parecer más normales.

La historia de un pedófilo

Un hombre se sorprendió cuando admitió que era un pedófilo. Se dio cuenta de que siempre había sabido que se sentía atraído por los niños, pero de alguna manera, había evitado etiquetarse a sí mismo. Después de todo, él estaba casado, atraído por las mujeres y nunca había hecho nada con un niño. La fuerza de la etiqueta era como una bomba nuclear estallando dentro de su cabeza. La palabra era tan fea, y se sintió malvado y sucio.

Su esposa estaba ausente, y él no durmió durante tres noches y pensó seriamente en suicidarse. Él no era un hombre religioso, pero rezó para que esos sentimientos se le quitaran. Lo que se dio cuenta después de admitir que era un pedófilo era que no había muchas asociaciones establecidas para ayudar a los pedófilos a actuar de acuerdo con sus necesidades, por lo que creó una en Australia titulada Virtuoso Pedófilo. Permite la membresía solo a aquellos que denuncian el abuso infantil y evitan activamente la tentación.

Pedófilos / abusadores de niños

El término pedófilo a menudo se usa indebidamente para describir a abusadores sexuales o abusadores sexuales de niños.

Para lograr la satisfacción sexual a través del abuso de un niño, debe poder suspender las ideas de ilicitud; debe poder ignorar las preocupaciones por el bienestar del niño para satisfacer sus necesidades. Eso generalmente requiere la ausencia de sentimientos empáticos.

No todos los pedófilos son abusadores de niños (o viceversa). Los abusadores infantiles se definen por sus acciones; Los pedófilos están definidos por sus deseos.

Comprender qué hace que los abusadores de menores actúen, a diferencia de los pedófilos, es más complejo. El noventa y nueve por ciento de los criminales en esta categoría inicialmente se rehusarán a discutir por qué han cometido las ofensas. Algunos delincuentes sexuales no tienen idea de por qué lo han hecho porque realmente no quieren mirar seriamente su comportamiento aberrante. No quieren admitir a otros adultos que tienen una gran colección de pornografía o sus fantasías sexuales. Sin embargo, si no quieren volver a cometer un crimen, deberían analizar seriamente esos comportamientos y hacer algo al respecto. De lo contrario, las posibilidades de que puedan detener el comportamiento son escasas.

Depredadores de caza

El grupo de trabajo Argos, Paul Griffiths caza pedófilos en Internet y ha sido nominado para una Medalla de Heroísmo del Orgullo de Australia. Desde que se unió a Argos en 2009, el Sr. Griffiths y su equipo han ayudado a identificar más de 300 objetivos pedófilos en Internet.

Él y sus colegas todavía están rescatando a cientos de niños víctimas y evitando que miles más sufran abusos indecibles.

Derribó una red global de pedófilos en línea cuando identificó a Shannon Grant McCoole, un cuidador del sur de Australia como pedófilo. Shannon fue la administradora del sitio web de 45,000 miembros que mostró cientos de miles de videos e imágenes de abuso infantil.

El Sr. McCoole era un cuidador de Families Southern Australia con acceso a niños. El Sr. Griffiths analizó el lenguaje del administrador, saludos y nombres de usuario peculiares y encontró instancias similares en foros de Internet no relacionados.

Después de que Shannon fue arrestado, los detectives asumieron la identidad del hombre en línea, atraparon a los asociados y luego cerraron el sitio. El Sr. McCoole se declaró culpable de dieciocho crímenes relacionados con el sexo de niños.

Desde ese arresto, los investigadores han rastreado a más de cien criminales y rescatado a sesenta y cinco niños del abuso.

Pornografía

La descarga de pornografía infantil está fuera de control, ya que los videos y las imágenes fijas se vuelven más extremos y muestran a los niños cada vez más pequeños. La proliferación de teléfonos inteligentes y tabletas ha dificultado que los padres controlen con quién se están comunicando sus hijos. Atrás quedaron los días en que la policía podía aconsejar efectivamente a los padres que mantuvieran la computadora en casa en un área comunitaria, porque los niños los tenían con ellos en la escuela y en las casas de sus amigos.

En julio de 2015, la Comisionada de Niños Megan Mitchell solicitó que se revise si los niños australianos están siendo adecuadamente protegidos de la exposición a pornografía violenta en línea. *"El acceso fácil de los niños y la exposición a imágenes violentas y pornográficas a través de plataformas en línea presenta riesgos reales de distorsión de sus actitudes hacia el sexo y las relaciones,"* ella dijo.

"Apoyo firmemente una revisión de cuán bien están funcionando las medidas reglamentarias y de otro tipo para reducir el impacto negativo de la pornografía."

Ella agregó que los niños necesitan una mejor educación, en el hogar y la escuela, sobre el sexo y las relaciones sanas, pero otras opciones, como los filtros de inclusión voluntaria, deben ser parte de la solución.

Algunos gobiernos están tratando de bloquear la pornografía explícita a nivel de red.

Los peligros de la pornografía

Ver pornografía a una edad muy temprana puede dar como resultado una idea completamente distorsionada de cómo son los cuerpos normales y cómo reaccionan los cuerpos normales cuando alguien más los enciende. Aquellos que son adictos a la pornografía son completamente inconscientes de lo que significa la intimidad y solo ven a los demás como objetos sexuales. La idea del romance no se aprende.

Muchos adolescentes se comparan con la forma en que la anatomía del "semental" es mucho más sexy que la de ellos. Se miran a sí mismos y se dan cuenta de que se quedan cortos en el departamento de pene. Miran sus pechos y bíceps normales y los comparan con la actuación del "semental" que ven en la pornografía y una vez más piensan que no están a la par.

Las mujeres, jóvenes y mayores, que aparecen en la pornografía no se ven como mujeres normales, por lo que descubren que no pueden ser estimuladas sexualmente por mujeres normales y se vuelven a masturbar mientras miran pornografía o pagan a una prostituta por ella servicios.

Estos hombres no pueden relacionarse con las mujeres sin preguntarse cómo se vería y cómo actuaría si estuviera desnuda en la cama. Tienen imágenes vívidas de esto en sus mentes, y las chicas a menudo intuyen este deseo, así que se avergüenzan y se sienten como si hubieran sido desvestidas mentalmente.

Los jóvenes que, por curiosidad, ponen la palabra "pornografía" en una búsqueda de Google, generalmente esperan ver a una pareja teniendo relaciones sexuales o simplemente muestran bellos cuerpos femeninos desnudos. En cambio, ven sexo salvaje realizado en mujeres; actos brutales que dejan a la mujer maltratada y magullada. Ven el sexo anal en niñas y niños.

El niño australiano promedio tiene once años cuando tiene su primera exposición a la pornografía. Muchos inocentemente hacen clic en lo que se conoce como *"porno gonzo"* que muestra sexo anal, lesbianas teniendo sexo e incluso violación por muchos. Algunos son repelidos por las visiones, pero otros se *"enganchan"*.

La degradación de las mujeres, con violencia y humillación se muestra en la mayoría de estos sitios. Muchos expertos creen que la pornografía se ha convertido en una emergencia sanitaria, no solo para los adolescentes y preadolescentes expuestos a ella, sino también para los hombres que han crecido viendo que el sexo normal no hace nada por ellos.

Este tipo de porno duro ya no está oculto, pero ha convertido en la corriente principal y ahora es difícil para las personas encontrar porno de núcleo blando.

Las niñas jóvenes son despojadas de su virginidad por niños que han visto pornografía y creen que tienen que imitar lo que han observado en sitios pornográficos. Estas mujeres jóvenes a menudo quedan con graves lesiones sexuales con una lágrima vaginal y / o anal.

Los niños piensan que así es como funciona una relación con una niña y se mortifica cuando su madre y su padre van a casa para explicar a los padres el daño que el niño ha causado a su hija. Los padres sorprendidos del niño a menudo desconocen que su hijo ha estado disfrutando de la pornografía (a veces durante años sin que lo supieran), y mucho menos que el chico haya usado el sexo violento con una joven virgen frágil.

A medida que maduran, estos adolescentes necesitan niveles cada vez más altos de violencia para apaciguar su apetito por ver el sexo, que es todo castigo, dominación y venganza, y no hay nada amoroso en los actos que se ven obligados a realizar. Como hombres adultos, les resulta imposible obtener o mantener una erección cuando tienen que disfrutar de relaciones sexuales no violentas.

Los padres juegan un papel importante para evitar que los niños accedan al porno duro. Deben tener una conversación con sus hijos cuando cumplen diez años para explicar las diferencias entre el sexo normal y el tipo de sexo que se muestra en los sitios de pornografía. En lugar de que la pornografía sea la única educación sexual que reciben los niños vulnerables antes de la pubertad, debemos comenzar a llenar el vacío para que la pornografía no se convierta en la educación sexual de nuestra juventud.

Se recomienda que los padres instalen filtros y software para bloquear sitios adultos explícitos. Desafortunadamente, como se mencionó anteriormente, esto no protege a sus hijos de ingresar a las salas de chat, donde no hay filtros.

Si bien no hay duda de que Internet ha hecho más fácil ofender. También está claro que ha aumentado la probabilidad de que las personas que se gradúan de ver pornografía infantil abusando de los niños. La investigación muestra que la pornografía es, por lejos, el principal indicador de la preferencia real de una persona y que, si tienen mucha pornografía, no los ayudará a detener su comportamiento. Alguien que esté viendo mucha pornografía infantil definitivamente tendrá mayor riesgo de cometer crímenes contra niños. Cuanto más ves algo, más aceptable se vuelve, sin importar de qué se trate.

Algunos delincuentes comienzan a ver pornografía "legal", van a cosas extrañas, van a la bestialidad, luego a los niños, y luego se ponen en contacto con los niños y ofenden. Si comenzó con pornografía alrededor de los doce o trece años, cuando tiene veintiún o veintidós años, intenta tener hijos en línea.

En los pedófilos mayores, el comportamiento está arraigado; Se han convencido a sí mismos de que no están haciendo nada realmente malo. Luego se encuentran con otros hombres de ideas afines (generalmente en Internet) que comparten pornografía, lo que refuerza su idea de que no están haciendo nada malo.

La violación en grupo es una de las muchas ramas no deseadas del creciente consumo de pornografía por parte de los hombres. El creciente número de víctimas de violación en grupo se atribuye al consumo de pornografía de hombres jóvenes que alimenta opiniones poco saludables sobre el sexo. Un joven contratará a una joven para tener relaciones sexuales y luego invitará a otros hombres, generalmente sin el permiso de la mujer.

Capítulo 3

Acoso

Todo niño tiene derecho a una educación y tiene derecho a estar seguro. Los adultos que trabajan en sistemas escolares tienen el deber de proporcionar un ambiente escolar seguro para todos los estudiantes. Las escuelas seguras tienen:

- Libertad de la violencia;
- Nutrir, cuidar y respetar a todos;
- Física y psicológicamente saludable;
- Aboga por la toma de riesgos sensata;
- Mejora la autoestima de todos.

¿Qué es acoso?

La intimidación es un patrón constante de fracaso, crítica, segregación, exclusión y deterioro que ocurre durante semanas o meses. Cada incidente puede ser trivial, y por sí mismo no representa una ofensa o motivo de acción disciplinaria. La intimidación ocurre en promedio cada siete minutos y el episodio es corto, de aproximadamente 37 segundos de duración. Sin embargo, las cicatrices emocionales de la intimidación pueden durar toda la vida.

La recuperación de una experiencia de intimidación puede tomar entre dos y cinco años, y algunas personas nunca se recuperan por completo. La intimidación difiere del acoso y la agresión porque esta última puede ser el resultado de un solo incidente o un pequeño número de incidentes, mientras que la intimidación tiende a ser una acumulación de muchos incidentes pequeños durante un largo período de tiempo.

Sesenta por ciento de los niños identificados como abusadores antes de la edad de ocho años, tendrán una condena penal a la edad de veinticuatro, por lo que es importante que los padres, maestros y la comunidad hagan algo para detener su intimidación. Si los agresores no terminan en la cárcel, terminarán involucrados en otros comportamientos violentos, como el acoso en el lugar de trabajo o el abuso marital.

Aquellos que llevan su comportamiento de intimidación a la edad adulta a menudo desarrollan una lista de problemas: alcoholismo, trastornos de personalidad antisocial y trastornos de salud mental. Si no se aborda el comportamiento, el abusador puede crecer y hostigar a él o ella cónyuge, hijos y compañeros de trabajo. La intimidación se convierte en un hábito, un método fácil para que el bravucón obtenga lo que él o ella quiere.

Los niños que logran mantener alejado al acosador tienden a tener mejores habilidades sociales y de manejo de conflictos. Así que aquí es donde los padres y maestros deberían poner énfasis en enseñar a los niños abusivos a usar mejores habilidades interpersonales. Los niños que no intimidan son más capaces de afirmarse sin volverse agresivos o confortativos. En cambio, trabajan en compromisos y diseñan soluciones alternativas. Estos niños parecen estar más conscientes de los sentimientos de las personas (habilidades de empatía) y son los niños que pueden ser más útiles para resolver disputas y ayudar a otros niños a obtener ayuda.

Víctimas de acoso

Los niños que han sido repetidamente blanco de un acosador muestran ciertos comportamientos y actitudes. Algunas veces estos comportamientos son inconsistentes con el comportamiento típico del niño. Muchos niños se sienten demasiado avergonzados y humillados como para informar que han sido blanco de un ataque y se preocupan de que hablar los llevará a un abuso aún mayor.

La mayoría de los niños bromean entre sí, se llaman entre sí nombres ridículos y juegan a pelear. Sin embargo, estos incidentes no suelen llamarse "intimidación." La diferencia radica en la relación del matón y la víctima y la intención de esa interacción. Suele ocurrir entre individuos que no son amigos y existe una diferencia de poder percibida entre el acosador y el objetivo. El acosador suele ser más grande, físicamente más fuerte o puede intimidar a los demás.

Los matones y sus objetivos provienen de todos los niveles de situaciones socioeconómicas. Básicamente, buscan el poder que no obtienen o que no sienten en ningún otro lado. La intimidación es neutral desde el punto de vista del género y puede abarcar desde ataques de pandillas hasta intimidación en el patio de recreo.

Los investigadores aún no pueden explicar por qué las jóvenes representan su agresión de diferentes maneras que los niños, pero se cree que su biología es el factor principal. Las niñas usan campañas de susurros y acoso psicológico que a sus maestros les resulta difícil detectar. Con las niñas, principalmente se trata de chismorrear, difundir mentiras, murmuraciones, arruinar reputaciones o aislamiento social que excluye a uno o más niños de su grupo.

Las niñas pueden estar conectadas biológicamente para participar en formas sofisticadas y no violentas de agresión que pueden dañar tanto como un golpe en la mandíbula de un niño. Ahora se cree que el conflicto no físico o la agresión indirecta podrían ser tan peligrosos para los niños como el acoso físico.

Las niñas a menudo intercambian las contraseñas de las redes sociales para mostrar lealtad entre amigos, pero esto puede usarse contra una niña expulsada de un grupo. A pesar de que la niña podría cambiar su contraseña, a menudo sus enemigos la han cambiado primero y la han dejado vulnerable a campañas de odio que pueden empujar a niños de hasta diez años a contemplar el suicidio.

Cuando son atrapadas, muchas chicas usan tácticas tales como disculparse o llorar, lo que les permite salir de problemas, pero no resuelve el problema subyacente que causa su intimidación. Sus víctimas sienten que el acoso se dirigió a excluirlos de su grupo de pares.

Las niñas tienen diferentes respuestas a la autoridad que los niños y la forma en que enfrentan los problemas. Si son intimidados, es más probable que se salten la escuela cuando surjan problemas. Muchos usan el absentismo escolar para lidiar con sus agresores y, a menudo, sus maestros y padres se pierden la verdadera razón de su ausentismo escolar. Todo el absentismo escolar debe ser investigado para encontrar las razones detrás de la ausencia de la escuela.

Los niños tienden a defenderse y responder de nuevo, pero pueden meterse en un problema peor. La intimidación entre chicos suele ser física e implica golpear, empujar y, a veces, armas.

Para el niño que crece en un entorno hogareño disfuncional o abusivo, la intimidación se convierte en un comportamiento compulsivo y obsesivo. El acosador debe tener un objetivo para poder desplazar su propia agresión. Los padres del niño abusador pueden carecer de las habilidades de los padres porque también fueron criados por padres que carecían de las habilidades conductuales apropiadas; y sus padres probablemente crecieron en ese mismo clima abusivo.

El ciclo tiene que ser roto. Aquí es donde las escuelas pueden jugar un papel importante, *pero solo si hacen cumplir las políticas contra la intimidación y apoyan y ayudan tanto al agresor como a los víctimas.*

Los niños que molestan a otros niños pueden provenir de hogares disfuncionales u hogares sin supervisión de un adulto. Podrían ser ellos mismos blancos de la violencia, aprendiendo que la violencia es una forma aceptable de interactuar con los demás, o podrían haber perdido una etapa en su desarrollo y haber experimentado un retraso en su desarrollo emocional. Los acosadores pueden tener padres que los ignoran o madres que abusaron del alcohol o drogas mientras estaban embarazadas. Los programas de televisión violentos también refuerzan que está bien actuar agresivamente.

Sin embargo, al final, el acoso es comportamiento y el comportamiento es una elección. Por lo tanto, la intimidación es una elección. Es la elección del matón para intimidar. Una mala elección, ¡pero una elección!

Si bien un entorno hogareño pobre, una crianza pobre, modelos de conducta deficientes pueden influir en el agresor, no son una causa. Muchos niños tienen ambientes hogareños pobres, pero no eligen intimidar; por lo tanto, estos factores no pueden usarse como una excusa específica para la intimidación.

El recuerdo de la intimidación individual en el patio de la escuela sigue siendo claro e inmaculado para muchos adultos mucho después de que abandonan la escuela. Cualquier niño o adulto puede contarle sobre una vez que fue intimidado, o si vio a alguien que sabía que estaba siendo intimidado. Los matones buscan poder. La intimidación puede ser episodios múltiples o consistir en una sola interacción. La intención del matón es poner al objetivo en peligro de alguna manera.

Los matones más despreciables en esta tierra son terroristas, asesinos, violadores, pedófilos y proxenetas. Estas heces de la tierra tienen una necesidad insaciable y obsesiva: controlar a los demás. No conocen otra forma de vivir la vida que dominar a los demás. Sin embargo, son cobardes y tienen rayas amarillas en la columna vertebral. Cualquiera que se sienta seguro de sí mismo no necesita usar el poder para influir o controlar a los demás.

Este control se gana a través del terror, la intimidación, el acoso o simplemente la agresividad. Los matones extrovertidos tienden a ser gritones. Son muy visibles e intimidan desde la cima. Una discusión se convierte en un debate y, a menudo termina en una pelea a gritos. Manipulan a los demás para que crean que causaron el comportamiento de intimidación.

Los matones introvertidos (los tipos más peligrosos) tienden a sentarse en el fondo y reclutar a otros para intimidar a los demás por ellos.

Los matones son inteligentes, intrigantes, intrigantes, calculadores, sádicos, violentos, crueles, desagradables, despiadados, traicioneros, premeditados, explotadores, parasitarios, detestables, oportunistas, siniestros, amenazantes, feroces, enérgicos, irritantes y agresivos. Son expertos en el uso del sarcasmo, pero carecen de comunicación, habilidades interpersonales y sociales. Algunos dependen en exceso o exclusivamente de teléfonos, mensajes de texto, correos electrónicos o de terceros y otras estrategias para evitar el contacto cara a cara.

Los matones carecen de inteligencia emocional. La inteligencia emocional ayuda a las personas a comprender y controlar sus propias emociones. También les ayuda a reconocer y responder correctamente a las emociones de los demás. Aquellos con inteligencia emocional reconocen las emociones en los demás y saben cómo controlar sus reacciones a esas emociones. También conocen sus propias emociones y cómo controlarlas cuando se enojan. Los matones nacen sin inteligencia emocional, o la suprimen copiando sus modelos de roles defectuosos. A menudo, el asesoramiento extenso es la única forma de cambiar su comportamiento destructivo.

La intimidación tiende a alcanzar su punto máximo en sexto grado y disminuir ligeramente cada año a partir de entonces. La mayoría de los adolescentes se encontrarán con intimidación en algún momento de la escuela secundaria. La mejor manera de proteger a su hijo es sentarse y discutir comportamientos comunes en la escuela media, como la agresión relacional. Los adolescentes que están siendo intimidados pueden tratar de ocultar el hecho a los miembros de la familia o maestros, así que asegúrese de conocer las señales de intimidación para tomar medidas rápidas.

Los años de la adolescencia ofrecen una serie de desafíos, que incluyen la pubertad, la escuela media y la posibilidad de que en algún momento en los próximos años su hijo pueda enfrentar intimidación.

Los matones parecen aparecer en todas partes y la intimidación está en aumento, alimentada por la tecnología y muchas veces por una cultura que lo permite o lo ignora por completo.

De hecho, el cuarenta y ocho por ciento de los niños (casi la mitad de todos los niños) dicen que han sido blanco de acoso en algún momento.

La intimidación durante la escuela intermedia es especialmente común cuando los niños intentan establecer su lugar y su estatus social, entre otros. Desafortunadamente, eso puede significar que intimidan a otro niño, un comportamiento que a veces se denomina agresión relacional o acoso de la mafia. Los acosadores pueden ser inteligentes y su comportamiento puede pasar desapercibido por bastante tiempo.

Acoso escolar

Las escuelas son un lugar privilegiado para la intimidación. La mayoría de la intimidación ocurre en o cerca de los edificios escolares. Muchos matones intentan pasar los actos de agresión como un juego rudo. La mayoría de los objetivos no informan intimidación. Ocasionalmente, un victima provoca el ataque de su matón. Estos objetivos molestan a sus matones, convirtiéndose en un objetivo que incita al agresor. Estos objetivos a menudo no saben cuándo detener su provocación y generalmente no son capaces de defenderse cuando el equilibrio de poder se mueve hacia el agresor. El lenguaje corporal es todo cuando los agresores escolares eligen su presa.

Defectos físicos, como orejas grandes, problemas del habla o cojera, normalmente no juegan un papel, pero el lenguaje corporal y el nivel de autoestima tienen mucho que ver con si el niño será intimidado o no. Se alienta a los victimas a mantenerse erguidos, decir *'No'* en voz alta y hacer contacto visual. Si los víctimas se les enseña a reaccionar, pueden frenar el problema. Un matón necesita una audiencia, por lo que, si los testigos simplemente abandonan el área cuando ocurre una situación y denuncian el acoso escolar, los matones pierden a su audiencia y tienen que dar cuenta de su comportamiento inaceptable.

Solo el veinticinco por ciento de los estudiantes informa que los docentes intervienen en situaciones de intimidación, mientras que el 71% de los docentes cree que siempre interviene.

Investigaciones previas demostraron que en 1996 la mayoría de los estudiantes (60 por ciento) nunca estuvieron directamente involucrados en ninguna forma de intimidación, focalización o acoso (Psychology Today, septiembre de 1996). Desde entonces, la mayoría de los estudiantes han sido testigos de incidentes de intimidación en el patio de la escuela. Lo desafortunado es que no hacen nada para detener el acoso.

¿Por qué otros estudiantes no ayudan a la víctima?

Son reacios a denunciar la intimidación porque temen represalias del agresor. Los niños que no son agresores u objetivos tienen un papel importante que desempeñar en la configuración del comportamiento de otros niños. Es el 52 por ciento de los niños dentro de una escuela que no son intimidados o atacados los que tienen la llave para detener la intimidación. Los niños deben ser alentados a hablar en nombre de los niños que ven siendo intimidados. Los estudiantes que son testigos de intimidación tienen el potencial de reducir la intimidación al denunciar incidentes de intimidación y / o distraer al acosador. La clave para una campaña exitosa contra la intimidación es involucrar a todos para encontrar una solución.

El ciclo de acoso funciona con los testigos de la siguiente manera:

- Temen que los maestros puedan confrontar al agresor de tal manera que los testigos ahora están en riesgo.
- Temen que su confidencialidad sea violada y / o su estado se vea comprometido dentro de su grupo de pares.

Los matones sobreviven al crear el mito de que, si se informa su comportamiento, tomarán represalias rápida y severamente. Esta amenaza paraliza a los objetivos y a los testigos en un código de silencio que permite al agresor extender el reinado de terror.

Desafortunadamente, muchos maestros y personal de la escuela no saben cómo intervenir adecuadamente, por lo que la intimidación continúa. Esto conduce a una mayor impotencia para las víctimas y les da más poder a los agresores que saben que van a salir adelante con su intimidación, y / o sienten que la escuela ha tolerado el comportamiento.

Los maestros deben asegurarse de que sus alumnos denuncien cualquier incidente de intimidación. Lo hacen respetando el anonimato del objetivo y los testigos. Hasta que los objetivos y los testigos confíen en que esto sucederá, la intimidación no será denunciada y se alentará a los agresores a continuar con sus acciones. Los delincuentes deben conocer las consecuencias de la intimidación y **las escuelas deben hacer cumplir**

consistentemente las reglas. Los acosadores necesitan asesoramiento para que puedan aprender a comportarse de una manera socialmente aceptable, y sus víctimas necesitan aprender asertividad y tener confianza en que las autoridades informarán de manera rápida y efectiva cualquier intimidación denunciada.

Los matones a menudo son socialmente aceptados hasta la mitad de la adolescencia. A pesar de su comportamiento agresivo, incluso pueden disfrutar de la popularidad social con sus compañeros. Pero, al final de la adolescencia, la popularidad del agresor comienza a desvanecerse. Los abusadores pierden su popularidad a medida que crecen y la mayoría de los estudiantes no les gusta su comportamiento. Las formas del agresor de la adolescencia media y su víctima anterior rara vez se cruzan. A esa edad, los adolescentes han definido claramente su conjunto social. Trágicamente, los agresores se sienten cada vez más excluidos por sus pares y, a menudo, buscan alianzas con pandillas de otras personas aisladas. Estas pandillas de adolescentes a menudo se meten en serios problemas con la ley.

En la escuela secundaria superior, la mayoría de los incidentes habituales de intimidación son cosa del pasado, pero los recuerdos de su abuso persiguen objetivos y continúan evitando a su agresor. Algunos llevan sus cicatrices emocionales para toda la vida.

Ignorando la intimidación escolar

"Los Chicos simplemente se comportarán como chicos" a menudo es la respuesta de los adultos cuando un niño se queja de la intimidación. Pero ahora sabemos que el acoso es realmente un asalto, y los victimas están protegidos por la ley cuando eso sucede. Los acosadores aprenden que las palabras pueden usarse para doler. Quieren experimentar la sensación de poder que implica la capacidad de manipular a alguien. Para algunos niños, es algo que intentan una vez. En otros se convierte en una forma de vida y cada situación se convierte en una lucha de poder: con sus padres, sus maestros, sus hermanos y sus compañeros de juego.

El matón no tiene que ser el más hermoso, el más guapo o el más divertido. Él o ella solo necesitas saber cómo formar un grupo y luego tomar las riendas. Establecen las reglas y deciden si jugarán con un nuevo niño o harán que su vida sea miserable a través de la intimidación.

Una hija fue atrapada robando en las tiendas. La familia estaba horrorizada, pero se enojaron aún más meses después cuando se reveló la historia completa. La chica estaba robando para evitar ser atacada por un matón. Ella se le ordenó robar, le dijo qué robar, y si no traía los productos a la escuela, estaba preparado para eso. El hecho de que el bravucón tuviera tanto control sobre la chica que corría el riesgo de ser arrestada, debería decirnos el poder que tienen estos bravucones sobre los demás.

Señales de intimidación

Hay formas de detectar agresores y determinar si su hijo tuvo que enfrentarlos. Si sospecha que su hijo adolescente se ha encontrado con un matón en la escuela, en el autobús, en la cafetería o incluso en el patio de recreo, habrá pistas sobre su comportamiento y apariencia, tales como:

- Retirarse de las actividades favoritas;
- Ansiedad por viajar hacia y desde la escuela;
- Pedir a los padres que los recojan;
- Cambio de ruta de viaje;
- Evitar horarios regulares para viajar hacia y desde la escuela;
- Falta de voluntad para ir a la escuela;
- Disminución del interés en las actividades escolares o después de la escuela;
- Deterioro en el rendimiento educativo;
- Patrón de enfermedades físicas (por ejemplo, dolores de cabeza, dolor de estómago);
- Retirarse de sus amigos o círculo social;
- Queriendo escapar;
- Pérdida de concentración;
- Ira (puede o no dirigirse a usted);
- Estrés;
- Llanto, depresión, furia repentina;

- Emociones volátiles;
- El pase de autobús está constantemente perdido;
- Llega a casa de la escuela con hambre excesiva;
- Él o Ella tiene problemas para dormir;
- Cambios inexplicables en el estado de ánimo o el comportamiento (pueden ser particularmente notables antes de regresar a la escuela después de los fines de semana o más específicamente después de vacaciones escolares más largas);
- Ropa rasgada, mochila u otros artículos personales;
- Artículos escolares faltantes o dañados, como libros, tareas, lonchera o instrumento de banda;
- Queriendo protección en la escuela, como un cuchillo o pistola;
- Moretones y / o rasguños; ha estado en peleas físicas;
- Pérdida o aumento del apetito;
- Signos visibles de ansiedad o angustia: tartamudeo, abstinencia, pesadillas, dificultad para dormir, llanto, no comer, vómitos, orinar en la cama;
- Comentarios espontáneos fuera de carácter sobre estudiantes o profesores;
- Mayores solicitudes de dinero o robo de dinero;
- Renuencia y / o negativa a decir lo que les preocupa;
- Cosas *"perdidas"*: una señal de que alguien está robando los artículos del niño.

Estas señales no necesariamente significan que un estudiante está siendo intimidado. Si se repite u ocurre en combinación, esos signos justifican la investigación para establecer lo que está afectando al estudiante.

Si las señales están allí, es hora de una charla con su adolescente. Muchos adolescentes se sentirán reacios y avergonzados de compartir detalles de la intimidación, y algunos incluso pueden sentir que merecen ser intimidados. Otros temen que los agresores aumenten su tormento si son acusados por sus víctimas.

Siéntese y pregunte si ha habido problemas o problemas de intimidación en la escuela, o si ellos han encontrado a alguien que está tratando de dificultarles la vida. Si la respuesta es sí, ofrece sugerencias sobre cómo pueden manejar el acosador. A veces, una respuesta simple como *"¡No me hables así!"* O *"¡Deja de molestarme!"* puede ser suficiente para disuadir a los agresores o calmarlos.

Situaciones de juego de roles que su adolescente podría enfrentar con posibles soluciones para detener el abuso. Anime a su hijo adolescente a mantenerse alejado del acosador y quédese con uno o dos amigos cuando el abusador esté presente.

También es importante que su hijo comprenda que no es su culpa que estén siendo molestados. Asegúrese de que él / ella pueda pedir ayuda a los maestros o al conductor del autobús, si el comportamiento continúa. Ayúdelo a encontrar formas de informar a los adultos sobre el acoso sin que parezca que está hablando de un niño.

Si los intentos de su hijo para terminar con la intimidación no funcionan, y la intimidación continúa, es hora de llamar a la escuela y solicitar una reunión con el director y / o el maestro. Tenga muy claro que espera que el comportamiento termine y que espere un seguimiento por parte de la escuela en varias semanas para asegurarse de que la intimidación no haya continuado. Como último recurso, solicite reunirse con los padres del otro niño, pero hágalo únicamente con el maestro, el consejero o el director presente.

Los abusadores usan diferentes tipos de intimidación:

Matones físicos:

Actúan su ira de maneras físicas. Recurren a golpear o patear a sus objetivos o dañar la propiedad del objetivo. De todos los tipos de agresores, este es más fácil de identificar porque su comportamiento es tan obvio. Este es el tipo de matón que nuestra imaginación evoca cuando nos imaginamos a un matón. A medida que crecen, los agresores físicos pueden volverse más agresivos en sus ataques. Como adultos, esta actitud agresiva está tan profundamente arraigada en la personalidad del agresor que se requiere asesoramiento serio a largo plazo para cambiar el comportamiento.

Matones verbales:

Es bastante difícil para un objetivo ignorar este tipo de matón. Usan palabras para herir y humillar, recurriendo a insultos, burlas y comentarios racistas, chovinistas o paternalistas. Si bien este tipo de intimidación no produce cicatrices físicas, sus efectos pueden ser devastadores. A menudo es la forma más fácil de ataque para un matón. Es rápido e indolora para el agresor, pero a menudo es notablemente dañino para el objetivo.

Pornografía:

La pornografía ha sido una salida tradicional para la frustración sexual, y probablemente siempre lo será. Su aceptabilidad está determinada por los valores sociales actuales. La mayoría de los niños pequeños se entretienen en secreto ocasionalmente para ver lo que se están perdiendo. Cuanto más difícil es el contenido pornográfico, más abusivo tiende a ser. La necesidad del individuo y, por lo tanto, la dependencia de la pornografía es directamente proporcional a los sentimientos de inadecuación sexual de ese individuo.

Matones que fueron objetivos:

Algunos matones han sido intimidados o abusados ellos mismos. Existe evidencia de que muchos asesinos, especialmente aquellos que involucran asesinatos en serie, han recibido daño cerebral por palizas paternas. Esos golpes pueden dejarlos con la incapacidad de controlar sus tendencias violentas.

La primera vez que los bravucones prueban sus propias medicinas, corren gimoteando ante las autoridades en busca de protección. Acosan para sentirse competentes y para obtener algo de alivio de sus propios sentimientos de impotencia. Están atrapados entre el estado de ser un blanco y un matón y, por lo general, son los más difíciles de identificar porque, a primera vista, parecen ser objetivos de otros matones. Por lo general, son impulsivos y reaccionan rápidamente ante encuentros físicos intencionales o no intencionales, reclamando defensa propia por sus acciones. En lugar de arremeter contra su agresor, este victima debe aprender a evitar a otros matones.

Muchos abusadores, hostigadores y hostigadores que terminan en el tribunal debido a sus acciones insisten en que también fueron víctimas.

Estos matones parecen confiar en sus problemas del pasado como una meta para ganar seguidores. Estos "benefactores" aprovecharán cualquier forma de apoyo que puedan obtener para evadir la responsabilidad de sus acciones. Cuando se les pide que expliquen cómo deciden comportarse, los intimidadores utilizan una variedad de estrategias para evitar responsabilidades, como la negación, el contraataque y la victimización fingida.

Ellos son expertos en gastar dinero. No han aprendido a responsabilizarse por sus acciones, carecen de autodisciplina y a menudo culpan a otros por lo que hicieron.

Chica y mujeres matones:

La sociedad asume que, en una situación violenta, hay un agresor masculino y un victima femenino, pero las mujeres pueden ser tan malas como los hombres. Las mujeres perseguidoras son resentidas, tortuosas, manipuladoras y vengativas. Estas personas usan chismes y puñaladas tú en la espalda para socavar, desacreditar o devaluar las contribuciones de los demás. Tienen límites morales y éticos pobremente definidos y ponen a otros abajo para hacerse sentir importantes. Son expertos en el uso del sarcasmo, pero carecen de comunicación, habilidades interpersonales y sociales.

Grupo matones / matones de exclusión:

Estas son predominantemente mujeres que intimidan y que excluyen sus objetivos de sentirse parte de un grupo. Explotan la sensación de inseguridad en sus víctimas, emboscan sus víctimas y convencen a sus colegas de que excluyan o rechacen el víctimas. A menudo usan los mismos trucos que los agresores verbales usan con sus víctimas para aislarlos. Difundir rumores desagradables sobre el victimas es parte del patrón. Puede ser una forma extremadamente dañina de intimidación, especialmente en los niños cuando están haciendo sus primeras conexiones sociales, ya que excluye el objetivo de su grupo de pares.

Ser excluido puede aumentar el riesgo de suicidio

En parte, debido a los efectos ya mencionados, las personas que han sido socialmente excluidas pueden estar en mayor riesgo de suicidio. Los estudios han demostrado que incluso la exclusión social temporal puede causar cambios cognitivos y emocionales que coincidan con los observados antes de los intentos de suicidio. Por ejemplo, las personas socialmente excluidas tienden a mostrar poca o ninguna expresión emocional, al igual que las personas pre-suicidas.

La exclusión conduce a una mayor agresión

La exclusión social también puede conducir a una mayor agresión de las víctimas. Esta agresión puede ser física, verbal o relacional, o una combinación de los tres. En otras palabras, el objetivo se convierte rápidamente en el matón. Esto puede ser particularmente notable en las niñas, que tienden a excluir socialmente a los demás cuando creen que están a punto de ser excluidos.

Acoso Sexual

Se han mantenido muy pocos registros de la cantidad de niños que han sido acosados sexualmente en la escuela, pero muchos no solo son acosados por otros estudiantes sino también por el personal de la escuela. El acoso sexual en la escuela no es diferente del acoso sexual en otros lugares.

Las escuelas deben incluir el acoso sexual en sus políticas contra la intimidación y publicarlas donde sean visibles para todos los estudiantes. Los estudiantes deben comprender que los comentarios sexuales (incluidos los relacionados con la preferencia sexual) no están permitidos y son una forma de intimidación.

Los estudiantes y los testigos de acoso sexual lo abordarían de la misma manera que tratarían los incidentes de intimidación.

Un código de acoso sexual establece que el acoso sexual puede incluir uno o más de los siguientes comportamientos inaceptables:

- Comentarios sexuales no deseados como bromas, insinuaciones, burlas y abuso verbal;
- Burlas sobre el cuerpo, vestimenta, edad, preferencia sexual, estado civil de una persona;
- Pantallas de imágenes pornográficas, ofensivas o despectivas;
- Bromas prácticas que causan incomodidad o vergüenza;
- Invitaciones o solicitudes no deseadas, ya sean indirectas o explícitas;
- Intimidación;
- Gestos lisonjeros o sugerentes;
- Condescendencia o tratamiento paternalista que socava el respeto por sí mismo;
- Contacto físico innecesario, como tocar, palmear, pellizcar, golpear o asaltar físicamente.

Los estudiantes también deben saber que se pueden presentar quejas ante la Comisión de Derechos Humanos o la Comisión de Derechos Iguales si una escuela no cumple con su deber de cuidado y no interrumpe el comportamiento. Una ley de acoso sexual establece que:

'Cualquier persona responsable de cualquier acto de acoso sexual, cualquier supervisor, gerente o persona en una posición de autoridad que tenga conocimiento del acoso sexual y no tome medidas inmediatas y apropiadas (ni a la compañía) será nombrado en cualquier queja presentada ante la Comisión de Derechos Humanos.'

Esto significa que los maestros ya no pueden 'mirar para otro lado' y pretender que el acoso sexual no está ocurriendo. Deben intervenir y detener el acoso; de lo contrario, también podrían ser acusados de acoso sexual porque parece que toleran el comportamiento.

Alumnos que intimidan

Agresión física: este comportamiento es más común entre los niños que en las niñas. Incluye empujar, golpear, patear y disparar a la gente. También puede tomar la forma de agresión física severa. Mientras que los niños suelen participar en "peleas de perros", a menudo se pueden usar como un disfraz para el acoso físico o infligir dolor.

Daño a la propiedad: la propiedad personal puede ser el foco de atención del acosador: esto puede dañar la ropa, los libros escolares y otros materiales de aprendizaje o interferir con el casillero o la bicicleta de un alumno. El contenido de las mochilas escolares y las cajas de lápices puede estar esparcido por el piso. Los artículos de propiedad personal pueden ser borrados, rotos, robados u ocultos.

Extorsión: Se pueden hacer pedidos de dinero, a menudo acompañados de amenazas (a veces llevadas a cabo) en el caso de que el objetivo no pague rápidamente. Se pueden tomar almuerzos de víctimas, cupones de almuerzo o dinero para el almuerzo. Los objetivos también pueden ser forzados al robo de propiedad para ser entregados al acosador. A veces, esta táctica se usa con el único propósito de incriminar al víctima.

Intimidación: Algunos comportamientos de intimidación toman la forma de intimidación; se basa en el uso de un lenguaje corporal muy agresivo con la voz utilizada como arma. Particularmente molesto para los objetivos puede ser la llamada *'mirada'* - una expresión facial que transmite agresión y / o aversión.

Llamadas telefónicas abusivas o mensajes de texto: la llamada telefónica abusiva o el texto es una forma de intimidación verbal. La llamada anónima es muy frecuente donde los maestros son blanco de la intimidación.

Exclusión y aislamiento: esta forma de comportamiento de intimidación parece ser más frecuente entre las niñas. Una cierta persona es deliberadamente aislada, excluida o ignorada por algunos o el grupo de clase entero. Esta práctica generalmente es iniciada por la persona involucrada en el comportamiento de intimidación. Puede ir acompañado de comentarios insultantes sobre el objetivo en pizarras o en lugares públicos, pasando notas o dibujos del objetivo o susurrando insultos sobre ellos lo suficientemente alto como para ser escuchado.

Llamar por nombre: los insultos persistentes dirigidos a la (s) misma (s) persona (s), que lastiman, insultan o humillan deben considerarse como una forma de comportamiento intimidatorio. La mayoría de los insultos de este tipo se refieren a la apariencia física, *'Orejas grandes'*, tamaño o ropa.

Las características de voz distintivas o acentuadas pueden atraer atención negativa. La habilidad académica también puede provocar insultos. Esto tiende a operar en dos extremos; En primer lugar, están los que se destacan por su atención porque son percibidos como lentos o débiles académicamente. A estos alumnos a menudo se los conoce como *"tontos"*, *"drogadictos"* o *"burros"*.

En el otro extremo están aquellos que, debido a que son percibidos como de alto rendimiento, son etiquetados como *'cajas de cerebro'*, *'mascotas de maestros'*, etc.

Burlas: Este comportamiento por lo general se refiere a las bromas de buen carácter que se producen como parte del intercambio social normal entre los jóvenes principalmente. Sin embargo, cuando esta burla se extiende a comentarios muy personales dirigidos una y otra vez a un individuo sobre apariencia, vestimenta, higiene personal o implica referencias de naturaleza no complaciente para los miembros de la familia, particularmente si están insinuados sexualmente, entonces asume la forma de acoso. O puede tomar la forma de comentarios sugestivos sobre la orientación sexual de un alumno.

Intimidación del personal escolar

Intimidación del personal de la escuela por medio de asalto físico, daños a la propiedad, abuso verbal, amenazas a las familias de las personas, etc.

Intimidación del maestro:

Un maestro puede, involuntariamente o no, involucrarse, instigar o reforzar el comportamiento de intimidación de varias maneras:

- Humillar directa o indirectamente a un alumno particularmente débil académicamente o sobresaliente, o vulnerable de otras maneras;
- Usar cualquier gesto o expresión de naturaleza amenazante o intimidatoria, o cualquier forma de contacto físico o ejercicio degradante;
- Usar el sarcasmo u otra forma de lenguaje insultante o demandante al dirigirse a los alumnos;
- Hacer comentarios negativos sobre la apariencia o el fondo de un alumno.

Ayudando a la victima

Aquí hay una historia sobre un niño que intervino para ayudar a otro alumno:

"Un día, cuando era un estudiante de primer año en la escuela secundaria, vi a un niño en mi clase caminando a casa desde la escuela". Su nombre era Kyle y parecía llevar todos sus libros. Pensé, '¿Por qué se llevaría todos sus libros a casa un viernes?' Él realmente debe ser un nerd.

Tenía un fin de semana bastante planificado (fiestas y un partido de fútbol con mis amigos mañana por la tarde), así que me encogí de hombros y continué.

Mientras caminaba, vi a un grupo de niños corriendo hacia él. Corrieron hacia él, derribando todos sus libros de sus brazos y tropezando con él para aterrizar en la tierra. Sus gafas volaron, y las vi aterrizar sobre la hierba a unos tres metros de él. Levantó la vista y vi esta terrible tristeza en sus ojos.

Mi corazón estaba con él. Entonces, corrí hacia él y mientras gateaba buscando sus lentes, vi una lágrima en sus ojos. Cuando le entregué sus gafas, le dije, 'Esos tipos son idiotas. Realmente deberían obtener vidas. '

Él me miró y dijo: '¡Hola, gracias!'

Había una gran sonrisa en su rostro. Fue una de esas sonrisas que mostraron verdadera gratitud.

Lo ayudé a recoger sus libros y le pregunté dónde vivía. Resultó que vivía cerca de mí, así que le pregunté por qué no nos habíamos visto antes. Dijo que había ido a la escuela privada antes de ahora.

Nunca había tenido un amigo que fuera a una escuela privada. Hablamos todo el camino a casa, y llevé algunos de sus libros. Kyle resultó ser un gran chico. Le pregunté si quería jugar fútbol con mis amigos. Él dijo que sí. Nos quedamos todo el fin de semana y cuanto más conocía a Kyle, más me gustaba, y mis amigos pensaban lo mismo sobre él.

El lunes por la mañana llegó, y allí estaba Kyle con la enorme pila de libros otra vez. Lo detuve y le dije: '¡Muchacho, realmente vas a construir músculos serios con esta pila de libros todos los días!'

Él solo se río y me dio la mitad de los libros.

Durante los próximos cuatro años, Kyle y yo nos hicimos mejores amigos. Cuando éramos personas mayores, comenzamos a pensar en universidad. Kyle se decidió por Georgetown y yo íbamos a Duke. Sabía que siempre seríamos amigos, que las millas nunca serían un problema. Iba a ser médico y yo iba a hacer negocios con una beca de fútbol.

Kyle fue el mejor alumno de nuestra clase. Le bromeaba todo el tiempo acerca de ser un nerd. Tenía que preparar un discurso para la graduación.

Estaba tan feliz de que no fui yo quien tuvo que ir y hablar. El día de la graduación, vi a Kyle que se veía genial. Él fue uno de esos tipos que realmente se encontró a sí mismo durante la escuela secundaria. Se había llenado y se veía bien con gafas. Tenía más citas que yo y todas las chicas lo amaban. Chico, a veces estaba celoso.

Hoy fue uno de esos días. Pude ver que estaba nervioso por su discurso. Luego, le di una bofetada en la espalda y le dije: '¡Oye, hombre, serás genial!'

Él me miró con una de esas miradas (la realmente agradecida) y sonrió. 'Gracias', dijo.

Cuando comenzó su discurso, carraspeó y comenzó. 'La graduación es un momento para agradecer a quienes te ayudaron a superar esos años difíciles. Tus padres, tus profesores, tus hermanos, tal vez un entrenador... pero principalmente tus amigos. Estoy aquí para decirles a todos que ser el amigo de alguien es el mejor regalo que pueden dar. Voy a contarte una historia.

Acabo de mirar a mi amigo con incredulidad mientras contaba la historia del primer día que nos vimos. Se había planeado suicidarse durante el fin de semana. Habló de cómo había limpiado su casillero, por lo que su madre no tendría que hacerlo más tarde y estaba llevando sus cosas a casa. Me miró duro y me dio una pequeña sonrisa.

'Afortunadamente, fui salvo. Mi amigo me salvó de hacer lo indescriptible ".

Escuché el jadeo entre la multitud mientras este chico guapo y popular nos contaba todo sobre su momento más débil. Vi a su mamá y a papá mirándome y sonriendo con la misma sonrisa de agradecimiento. No fue hasta ese momento que me di cuenta de la profundidad o lo que había logrado ese día.

Terminó su discurso diciendo: 'Nunca subestimes el poder de tus acciones. Con un pequeño gesto puedes cambiar la vida de una persona."

¿Tu niño es un matón?

Aquí hay algunos signos de que su niño podría ser un matón:

- Quejas de la escuela sobre el comportamiento de su hijo;
- Él o ella parece tener dinero inexplicable;
- Quejas de otros padres sobre su comportamiento;
- Compra cosas que sabes que ellos no pueden pagar;
- Explicaciones de que sus amigos les dieron la ropa de diseñador que llevan puesta;
- Tener un aire arrogante y superior sobre ellos.

Novatada escolar

Hace años, era común tener novatadas de estudiantes de primer año al comienzo de un año escolar. La mayoría de las bromas giraban alrededor de ser el sirviente de un estudiante mayor por un día, pero últimamente, novatadas han tomado un giro peligroso y los estudiantes han sido seriamente heridos, mutilados o incluso asesinados cuando las bromas no van bien.

Un estudiante canadiense murió cuando los estudiantes de último año obligaron a sus *"esclavos"* a consumir licor fuerte crudo. Un niño fue obligado a beber media botella de vodka hasta que se desmayó. Cuando los estudiantes no pudieron revivirlo, pidieron una ambulancia. El chico apenas sobrevivió a la prueba.

Stalkers:

Los estudios muestran que la gran mayoría de los acosadores son hombres, y que la gran mayoría de sus objetivos son mujeres.

Un adolescente que pierde una novia puede convertirse en un acosador solo para mantener la ilusión de que todo está bien. Los acosadores íntimos se niegan a creer que la relación ha terminado. La gran mayoría de estos acosadores no son personas solitarias que todavía están perdidamente enamoradas. Por el contrario, han sido emocionalmente abusivos y han controlado tanto durante como después de que la relación haya terminado.

Lo único que tu debería decirle al acosador es 'No' solo una vez, y luego nunca más decirle nada.

Si el acosador no puede tener el amor de su objetivo, él / ella se conformará con su odio o miedo. Lo peor del mundo para los acosadores es sentir que están siendo ignorados.

Los acosadores delirantes frecuentemente han tenido poco o ningún contacto con sus víctimas. Otro tipo más tenaz creer que está destinado a estar con alguien, y que, si lo persigue lo suficiente, ella lo amará.

El acosador vengativo es impulsado por la venganza, en lugar del amor. Se enojan con sus objetivos por alguna leve, ya sea real o imaginaria. Esto podría ser enojo para otro adolescente al obtener una calificación más alta en un examen que ellos o sentir que una persona le robó su mejor amigo.

Lo que los padres pueden hacer para ayudar a un niño acosado

Cuando un padre descubre que su hijo ha sido intimidado, los sentimientos iniciales son de indignación y enojo y su primera reacción es actuar y tomar medidas para detener el acoso. Pero ¿qué van a hacer?

Si el niño está físicamente lesionado, primero se deberá atender a estos niños. Si es posible, tome fotografías de color de las lesiones y / o cualquier daño que pueda haber en la ropa o las pertenencias del niño. Simpatice con el niño y hágale saber que este es un caso de intimidación y tú que tomará medidas para evitar que vuelva a suceder. Entreviste a cualesquiera testigos. Si la lesión es grave, presenta un caso de agresión con la policía contra el acosador. Si el niño tiene miedo de que diga algo, explíquele que, si él / ella no hace nada, protege al agresor que cuenta con que el niño no *"chisme"*.

Escriba todos los detalles sobre el incidente: qué sucedió, dónde ocurrió, quién participó y los nombres de los testigos. Si el acoso tuvo lugar en la propiedad de la escuela, hable con el director de la escuela y entregue una copia de sus notas escritas sobre el incidente de intimidación. Agregue las reacciones de la escuela a su queja, dando el nombre de la persona, el puesto del personal, la fecha y hora de la entrevista. Las escuelas tienen la responsabilidad legal de garantizar que proporcionarán un entorno no violento para todos los estudiantes.

Póngase en contacto con los padres del acosador. Muchos cooperarán, pero otros no consideran que las acciones de intimidación sean lo suficientemente importantes como para enfrentarlo. Con algunos padres, la violencia y el abuso suelen ser el comportamiento normal, por lo que los padres no estarán preocupados por hacer algo para detener el acoso escolar.

Señale que hubo daño físico (ya sea al niño o sus pertenencias) y que lo que sucedió es asalto. Explique que lo informará a la escuela y que podría ser necesario ponerse en contacto con la policía. Hágales saber que usted es serio acerca de su queja y lo que espera que hagan:

- Haga que el matón se disculpe con su hijo;

- Determinar qué castigo tendrá el niño por el incidente de intimidación y qué harán si el incidente vuelve a ocurrir;
- Advierta al niño que, si este comportamiento vuelve a suceder, tú que irá a la policía y los acusará de agresión.

Los padres de un niño abusador deben preguntarse si sus acciones mutuas en el hogar han contribuido a que su hijo crea que la intimidación es un comportamiento aceptable.

Si la escuela o los padres no demuestran que van a lidiar con el acoso, vaya más alto en el sistema escolar. Si esto no resulta exitoso, envíe una copia del informe de todos los eventos hasta la fecha a la policía para sus archivos y avíseles que está viendo a un abogado. Si no puede pagar un abogado, la ayuda legal a bajo costo está disponible en la mayoría de las ciudades.

Cuando un niño está inscrito en una escuela, los padres deben solicitar copias de las políticas de la escuela relacionadas con la intimidación; cuántos incidentes se han producido en los últimos años y qué medidas deben tomar si se produce un incidente. Deben insistir en que se les informe de todos los incidentes de intimidación que sucedan que afecten a su hijo (ya sea que el niño sea un blanco, un matón o un testigo).

Políticas Anti-Acoso escolar

Muchas escuelas tienen una reputación no oficial por tolerar la intimidación. Esta reputación suele ser un conocimiento común en toda la comunidad estudiantil. En estas escuelas, más niños tienden a sentirse ansiosos por su seguridad personal y, como resultado, muchos son reacios a ir a la escuela.

Para combatir la intimidación, tendrás que mantener una relación cercana con la escuela y probablemente tendrás que hablar con los padres del acosador. Establezca primero si se trata de un incidente aislado (en cuyo caso detenerlo tiene una alta probabilidad de éxito) o si el abusador tiene un historial de comportamiento intimidatorio.

Recuerde que la mayoría de los niños tratarán de intimidar en algún momento. La mayoría pronto se dará cuenta de que no es una forma adecuada de comportarse y aprender con rapidez, especialmente si ayuda a sus hijos a ver por qué es un comportamiento inapropiado y los ayuda a aprender mejores formas de comportarse.

Solo cuando el tema de la intimidación se pone de manifiesto y las políticas y procedimientos que muestran cómo la escuela se ocupará de la intimidación son ampliamente conocidos y *se harán cumplir* las escuelas obtendrán una reputación de ser seguros para *todos* los niños.

Incluso los estudiantes que no pueden ser categorizados como blancos o agresores, pero que pueden ser testigos de la intimidación, se sienten más cómodos cuando saben que la escuela se opone a la intimidación. Cuando los niños saben que la escuela a la que asisten tiene una *"tolerancia-cero"* al hostigamiento y tienen un plan contra la intimidación en vigor, entonces pueden concentrarse en sus estudios.

Cuando ingresan a una escuela con cero-tolerancia para la intimidación, los estudiantes que han sido intimidados antes generalmente evalúan la política. Se debe examinar la transferencia de los registros del estudiante para ver si hubo incidentes de intimidación en su última escuela. Si hubo anotaciones sobre la intimidación, la escuela de tolerancia cero debe instruir a los nuevos estudiantes sobre las políticas y procedimientos de intimidación de la escuela. La facultad de la escuela debe mantener un alto perfil en términos de las expectativas de comportamiento de sus estudiantes para obtener apoyo y confianza de los estudiantes.

El compromiso del personal con la no intimidación en la escuela debe ser un compromiso a largo plazo.

Las escuelas pueden organizar grupos de apoyo donde los objetivos pueden concentrarse en el desarrollo de las habilidades necesarias para cambiar su lugar dentro de la jerarquía social. El objetivo es que el víctima se convierta en parte del grupo de estudiantes que no intimidan y no son intimidados. Tales cambios requieren una gran cantidad de tiempo y esfuerzo, pero es posible, dado el apoyo necesario de los padres, las escuelas y la comunidad en general.

Los estudiantes son la clave de una exitosa campaña contra el acoso principalmente porque generalmente saben quiénes son los agresores mucho antes que los adultos. Es más probable que apoyen una campaña contra la intimidación si están directamente involucrados en determinar la necesidad de dicho programa y su implementación. Esto incluye el desarrollo de políticas contra la intimidación y las actividades posteriores de toda la escuela con instrucciones sobre lo que se debe hacer si se presencia el hostigamiento.

Las autoridades escolares deben hacer que los estudiantes sientan que los maestros se asegurarán de que la información que comparten no les haga perder estatus en su grupo de compañeros. Se debe mantener la confidencialidad, de modo que el programa debe ser visto por los estudiantes como viable. Los estudiantes deben comprender las diferencias entre chismeando y e informes de incidentes.

'Chismorreo' ocurre cuando un estudiante habla sobre un acto inapropiado con la idea de meter a otro estudiante en problemas.

'Los informes de incidentes' ocurre cuando un alumno dice que debe proteger la seguridad de sí mismo o de otro alumno.

Una vez que los estudiantes entienden la diferencia entre los dos, denunciar incidentes de intimidación se vuelve mucho menos un tabú social.

Cada escuela debe tener una política de conducta escolar claramente escrita que incluya intimidación escolar y novatadas. Debe haber límites claros entre lo que es aceptable y lo que no. Debe estar vinculado a un sistema de recompensas por el buen comportamiento y debe promover el respeto a los demás y la intolerancia al comportamiento intimidatorio. Aquellos que no sigan la política deberían recibir asesoramiento sobre cómo elevar su nivel de confianza en sí mismos de otras maneras que no sea intimidar a otros.

Se demostrará a los agresores cómo pueden ser más auto disciplinados y empáticos y saber cuáles serán las consecuencias si su comportamiento no se ajusta a la política de conducta de la escuela. Deben saber que existe tolerancia cero al acoso escolar en la escuela y que existen consecuencias graves para el comportamiento inaceptable.

Políticas contra el acoso escolar en Australia

Australia tiene una multitud de excelentes programas contra el acoso escolar disponibles. La pregunta es: ¿por qué el acoso escolar aumenta y se vuelve mucho más más bien violento que decreciente?

Si estos programas se implementaran de manera efectiva, habría mucho menos intimidación en nuestras escuelas. Solo un esfuerzo coordinado de nuestro gobierno, los departamentos de educación, las escuelas mismas, la policía, toda la comunidad y los padres, eliminaremos el acoso escolar. Creo que el Departamento de Educación del Gobierno Federal debería implementar políticas y procedimientos contra la intimidación que deberían usarse en todas las escuelas de Australia. De esta forma, se mantendría la coherencia y se protegería a todos los niños. Esa política debe incluir asesoramiento profesional tanto para el acosador como para la víctima, hasta que su comportamiento se estabilice.

Cuando considera que el cincuenta y seis por ciento de los victorianos de entre once y veintiuno (encuestados por Sunday Herald Sun) informaron que son objeto de acoso escolar y sesenta y nueve por ciento en el grupo de once a quince años, estos programas necesitan ayuda de toda la comunidad para cambiar el acoso escolar.

Ídolos deportivos

Nuestros hijos están constantemente expuestos a la violencia, y no solo me refiero a ver batallas armadas y escenas de asesinatos en la televisión. ¿Realmente has prestado atención a lo que estás viendo en nuestra sociedad adicto al deporte? Si lo ha hecho, notará cuánta agresión y violencia se está utilizando ahora en nombre del *"deporte"*. Los hombres adultos golpean a otros jugadores, destrozan cuerpos y generalmente representan la parte del matón escolar.

¡Y nos preguntamos por qué nuestros hijos clonan ese comportamiento! Nuestra sociedad necesita considerar seriamente limpiar la violencia, el consumo de drogas y la actividad criminal que ahora vemos en varios de nuestros deportes. Los deportes solían ser *"deportivos"*, pero las acciones violentas que vemos en nuestros jugadores de fútbol no se pueden llamar deportes.

Deportes Intimidación

Un reciente informe de UNICEF publicado en Italia sobre la violencia en el deporte dijo que casi uno de cada diez australianos había sufrido abusos sexuales en un contexto deportivo. La violencia sexual contra los niños en el deporte en Australia podría llegar al 8 por ciento en comparación con Canadá, donde el 2,6 por ciento de los niños informaron haber tenido contacto sexual no deseado.

Trisha Layhee, una de las autoras del informe, dijo que las tasas de violencia sexual pueden ser mucho más altas y que se necesita trabajo para evaluar el problema. El Dr. Layhee, que ahora dirige el Hong Kong Sports Institute, dijo que Australia era única en el mundo por tener una cultura de entrenamiento que fomentaba el abuso psicológico extremo.

"Lo que encontramos fue la normalización completa del comportamiento psicológicamente abusivo por parte de los entrenadores, particularmente a nivel de elite. Me refiero a los entrenadores gritando a los niños," dijo el Dr. Layhee.

Ella encuesta a 370 atletas de elite y clubes de Australia halló que el 31% de las mujeres y el 21% de los atletas informaron abusos sexuales menores de 18 años. De éstos, el 41% de las mujeres y el 29% de los hombres dijeron que el abuso ocurrió en un contexto deportivo.

Una vez enlistado en el Salón de la Fama de Swimming Queensland, Scott Volkers fue despojado de ese honor tras las pruebas presentadas en la comisión real sobre abuso infantil. Un trío de sus estrellas nadadoras, Julie Gilbert, Kylie Rogers y Simone Boyce afirmaron que fueron abusadas de niñas mientras eran entrenadas por el escuadrón de entrenamiento de Volker en los años 80 y 90. También está siendo investigado para ver si hay motivos suficientes para que el Director de la Fiscalía Pública de Queensland a presentar cargos contra él por el presunto abuso sexual. El Sr. Volkers ha negado todas las acusaciones de irregularidades.

Capítulo 4

Acoso cibernético:

¿Qué es el acoso cibernético?

El acoso cibernético es la intimidación que se produce a través de Internet. Publicando vicioso, los comentarios, los insultos en las salas de chat, la publicación de perfiles falsos en los sitios web y los medios de comunicación o los mensajes crueles son formas de acoso cibernético.

El acoso cibernético es amenazar, mentir, acosar a una persona en línea o a través de otros dispositivos de comunicación electrónica como un teléfono celular. Se está convirtiendo en un problema mayor a medida que más y más personas pasan tiempo en Internet. Hay varios comportamientos que se consideran acoso cibernético, que incluyen:

- Enviar mensajes de acoso;
- Suplantar a otra persona y ganar confianza;
- Publicar la información personal de otra persona;
- Publicar información falsa o desagradable sobre otra persona;
- Publicar imágenes privadas o adulteradas sobre otra persona;
- Usar Internet para alentar a otros a intimidar al objetivo.

Los acosadores cibernéticos (y otros matones como los abusones de la escuela y del lugar de trabajo) usan estos comportamientos:

- Son muy controladores de los demás. Si alguien se resiste, son crueles en su ataque para recuperar ese control;
- No escuchan a los demás, carecen de conciencia, no muestran remordimiento, se sienten atraídos por el poder, son emocionalmente frío y plano, disfuncional, disruptivo, divisivo, rígido e inflexible, egoísta, insincero, inmaduro y carecen de habilidades interpersonales;

- Son crueles, críticos y vengativos en privado, pero encantadores frente a los testigos. (Otros a menudo no ven este lado de su naturaleza);
- Son mentirosos muy convincentes o compulsivos y, cuando se les pregunta, pueden inventar razones que suenen auténticas para su comportamiento;
- Son encantadores y convincentes, que utilizan para compensar su falta de empatía;
- Esconderse bajo su exterior encantador a menudo es acoso sexual, discriminación y prejuicio racial;
- En la superficie parecen muy seguros de sí mismos, pero por dentro son personas muy inseguras;
- Se destacan en el engaño, tienen una imaginación vívida, a menudo son muy creativos;
- Fomentan los sentimientos de vergüenza, culpa y miedo, porque así es como todos los abusadores, incluidos los abusadores sexuales infantiles, controlan y silencian sus objetivos;
- Cuando otros describen su naturaleza indiferente, responden con impaciencia, irritabilidad y agresión;
- A menudo tienen una necesidad abrumadora, insalubre y narcisista de retratarse a sí mismos como una persona maravillosa, amable, comprensiva y compasiva; en contraste con su comportamiento y tratamiento de los demás;
- No se dan cuenta de la discrepancia entre cómo les gusta ser vistos (y creen que se les ve) y cómo se los ve en realidad;
- En cambio, no conocen las cualidades del liderazgo (madurez, decisión, asertividad, confianza e integridad), usan la intimidación (inmadurez, impulsividad, agresión, desconfianza y engaño);
- Mostrar actitudes inapropiadas a asuntos sexuales o comportamiento;
- Negarse a reconocer, valorar o alabar a los demás;
- Cuando se les pide que expliquen sus acciones, lo niegan agresivamente y luego contraatacan con críticas y acusaciones distorsionadas o fabricadas. Si esto es insuficiente, rápidamente pretenden ser el objetivo, a menudo estallar en

llanto (el objetivo es evitar responder a la pregunta y así evadir la responsabilidad mediante la manipulación de los demás a través del uso de la culpa).

¿Quiénes son los objetivos de los acosadores cibernéticos?

A menudo se supone que los objetivos de la intimidación son débiles e inadecuados. Se supone que los objetivos de la intimidación son solitarios, pero la mayoría son independientes, autosuficientes y no necesitan pandillas o camarillas. No tienen necesidad de impresionar o están interesados en menospreciar a los demás.

Los matones seleccionan personas que prefieren usar el diálogo para resolver conflictos y que harán todo lo posible para evitar conflictos. Los objetivos intentan constantemente usar la negociación en lugar de recurrir a reclamos y acciones legales. Los objetivos se eligen porque son competentes y populares. Los matones están celosos de las relaciones fáciles y estables que los victimas tienen con los demás.

Un factor clave en la elección del agresor es cualquier niño que no esté dispuesto a recurrir a la violencia para resolver el conflicto; en otras palabras, un niño que tiene integridad y buenos códigos morales. Dado que los agresores son impulsados por los celos y la envidia, cualquier niño que sea brillante y popular también es probable que sea el objetivo.

Los padres, maestros y cuidadores deben asegurarse de que estos niños sepan cómo lidiar con la intimidación. Una vez que comienza la intimidación, muchos niños se apartarán o parecerán estar del lado del acosador porque saben que de lo contrario serán intimidados.

El acosador es un niño profundamente impopular con el que otros niños se asocian, no a través de la amistad, sino a través del miedo.

Muchos estudios muestran que los bravucones son populares, no logran hacer esta distinción. Además, el sistema educativo está sesgado hacia la fortaleza física (es decir, el énfasis excesivo en el deporte y las recompensas por el rendimiento deportivo), mientras que los logros artísticos están infravalorados. Los niños que son intimidados tienden a ser imaginativos, creativos, atentos y responsables. Los niños que intimidan son poco imaginativos, indiferentes, agresivos, emocionalmente inmaduros, inadecuados (especialmente en habilidades sociales) e irresponsables.

Hay mucha evidencia anecdótica que sugiere que el niño que aprende a intimidar en la escuela y se sale con la suya, luego pasa a ser el matón en serie en el lugar de trabajo. Un factor clave en la elección del agresor es cualquier niño que no esté dispuesto a recurrir a la violencia para resolver el conflicto; en otras palabras, un niño que tenga integridad y buenos códigos morales.

Cuando una persona llega a la adultez alrededor de los 18 años, sus patrones de comportamiento están establecidos y solo el tiempo o una experiencia traumática pueden alterar estos patrones. Sin embargo, las personas que probablemente serán intimidadas tienen una considerable capacidad de aprendizaje y, por lo tanto, tienen una mayor capacidad para modificar su comportamiento como adultos. Las personas que son acosadores son propensas a tener una capacidad de aprendizaje limitada (especialmente en habilidades interpersonales y de comportamiento) y a menudo muestran conductas de intimidación por el resto de sus vidas.

Emocionalmente, el acosador sigue siendo un niño pequeño y su comportamiento de búsqueda de atención es característico de un niño de dos años que lanza una rabieta para llamar la atención. Los acosadores en serie tienen tendencias psicopáticas o socio paticas que incluyen una ceguera de aprendizaje y una aparente falta de conocimiento de su comportamiento y su efecto en los demás.

¿Cuáles son los resultados para los objetivos de la intimidación?

- El alto nivel constante de estrés de los objetivos interfiere con el sistema inmune causando enfermedades frecuentes como gripe, úlceras, problemas de colon irritable, problemas de piel como eczema, psoriasis, pie de atleta, herpes zóster, resfriados, tos, infecciones de oído, nariz y garganta;

- Las baterías en sus cuerpos nunca tienen la oportunidad de recargarse;
- Ellos sufren de dolores en las articulaciones y los músculos o tienen dolor de espalda sin una causa obvia que no desaparecerá ni responderá al tratamiento;
- No tienen poder, por lo que se vuelven dependientes del acosador para permitirles pasar cada día sin que su vida se convierta en un infierno;
- Inicialmente son reacios a tomar medidas contra sus agresores e informar que saben que podrían acelerar el abuso. Más tarde, esto da paso a un fuerte impulso de tomar medidas contra los agresores para que otros no tengan que sufrir un destino similar;
- En el lugar de trabajo, muchos objetivos están tan traumatizados por la intimidación que necesitan ayuda profesional o tomar estrés o licencia por enfermedad hasta que se investiga la incidencia de la intimidación. Los matones adoran esto porque pueden afirmar que su objetivo es "mentalmente enfermo" o "mentalmente inestable" o que tiene un "problema de salud mental". Es mucho más probable que esta acusación sea una proyección de los propios problemas de salud mental del agresor que no han sido tratado;
- Para los objetivos que se convierten en víctimas de abuso, su mundo y su autoestima se rompen y es posible que les resulte imposible funcionar con normalidad o eficacia. La investigación indicaría que, a menudo, aquellos que más sufren de un comportamiento abusivo inaceptable son aquellos con más para dar: aquellos con grandes expectativas de sí mismos y aquellos que están dispuestos a hacer un esfuerzo adicional porque creen que lo que hacen es significativo e importante.

El comportamiento de la víctima:

- Un deseo abrumador de reconocimiento, comprensión, reconocimiento y validación de su experiencia y gran motivación para que se haga justicia;
- Falta de disposición para hablar o interactuar con el acosador;

- Un sentido inusualmente fuerte de vulnerabilidad, victimización o persecución;
- Un deseo inusualmente fuerte de educar al público y ayudar al público a introducir leyes de prevención del acoso;
- Una abrumadora sensación de traición y una incapacidad o falta de voluntad para confiar en alguien;
- dolores de cabeza y migrañas;
- Autoconfianza destrozada y baja autoestima;
- Muy deprimido, especialmente al despertar;
- Se sienten cansados, agotado y letárgico;
- Descubrieron que sus niveles de culpabilidad eran anormalmente altos, lo que les impedía iniciar nuevas relaciones;
- Se encontraron constantemente fatigados (similar al Síndrome de Fatiga Crónica) o sudaron, temblaron o tuvieron palpitaciones del corazón;
- Sufrido de ataques de pánico provocados por cualquier recordatorio de la experiencia;
- Memoria deteriorada que se debió a la supresión de recuerdos horribles;
- Entumecimiento físico (dedos de los pies, yemas de los dedos, labios) y entumecimiento emocional (especialmente la incapacidad de sentir alegría);
- Constantemente estado en alerta porque su mecanismo de lucha o huida se había activado permanentemente;
- Descubrieron que están constantemente al límite mentalmente y estaban irritados, especialmente por pequeños eventos insignificantes;
- A menudo se sintieron muy molestos por la cantidad de enojo que sentían hacia su abusador y se horrorizaron con las imágenes mentales de formas creativas, crueles y tortuosas de cómo podrían herir su abusador;
- Se encontró que ir a la escuela se volvió difícil, a menudo imposible de emprender;
- Ellos volvieron hipersensibles y percibió de manera inapropiada casi cualquier observación como crítica;

- Ellos obsesionaron con la experiencia abusiva que se apoderó de sus vidas, eclipsando y excluyendo casi todos los demás intereses;
- Cree que sus problemas abusivos son inútiles y que sus esfuerzos por detener la situación serán inútiles;
- Ellos no dormían, tenía pesadillas, revivía constantemente eventos, se despertaba temprano o se despertaba más cansado que cuando se acostaban;
- Poca concentración y se volvió olvidadizo especialmente con cosas triviales del día a día;
- Experimentaba intrusiones y visualizaciones violentas e intermitentes con frecuencia y no podía quitarles el abuso de sus mentes;
- Ellos volvieron emocionales - rompiendo a llorar regularmente por asuntos triviales;
- Ellos volvieron anormalmente irritables, tuvo arrebatos de ira, era hipersensible y se sentía frágil;
- Tenía sentimientos de retraimiento y aislamiento. Ellos querían estar solo y buscaba la soledad;
- Sufrido del trastorno de estrés postraumático (TEPT).

Las cuatro etapas del miedo

Los victimas a menudo pasan por cuatro etapas de miedo cuando se enfrentan a algo que les parece peligroso:

1. **Excitación:** ellos músculos se tensan, la respiración y la frecuencia cardíaca aumentan;
2. Lucha o huida: la respuesta de defensa automática del cuerpo cuando se trata de una amenaza;
3. **Congelación / Inmovilidad:** la respuesta anterior se pone en espera, se congelan y no pueden responder o escapar de la amenaza;
4. **Inmovilidad latente:** un estado de descanso una vez que la amenaza ha pasado.

Los animales generalmente pueden regresar a su modo normal de funcionamiento tan pronto como pasa el peligro, pero los humanos a menudo no pueden y pueden quedar atrapados en un patrón recurrente de las respuestas anteriores.

Si el acoso cibernético es amenazante, se debe advertir a los niños que dejen de ingresar inmediatamente al sitio y que se lo digan a sus padres, un maestro, Crime Stoppers o la policía.

El acoso cibernético generalmente no es una comunicación de una sola vez, a menos que implique una amenaza de muerte o una amenaza creíble de daño corporal grave. En casos extremos, las personas se han matado entre sí o se han suicidado después de haber estado involucradas en un incidente de acoso cibernético.

Los niños necesitan que se les recuerde que, si son intimidados, no tienen la culpa, la persona que está haciendo la intimidación tiene la culpa y se le cobrará en consecuencia.

Ejemplos de intimidación:

- Un estudiante es bombardeado por correos electrónicos amenazantes y burlones anónimos en su casa, a pesar de que no hay hostigamiento directo en la escuela.
- El objetivo no tiene idea de quién está enviando los mensajes y comienza a sentir que todos están en contra de él / ella. Ese estudiante está siendo acosado cibernéticamente.
- Un tablero de anuncios de la escuela está contaminado con mensajes de insultos que difunden rumores maliciosos sobre un estudiante específico. Los rumores no son ciertos, pero los niños en la escuela ven las publicaciones y les creen. El estudiante es excluido por otros compañeros. Este estudiante es el objetivo del acoso cibernético.
- Se publica un desagradable perfil falso en un sitio de redes sociales usando el nombre real, la foto y la información de contacto del estudiante. Ese estudiante comienza a recibir mensajes de correo electrónico extraños de desconocidos que piensan que el perfil es real. Algunos de los mensajes son crudos. Algunos de los mensajes son malos. Este es otro ejemplo de acoso cibernético.

Estos son solo algunos ejemplos de acoso cibernético. Si participas en cosas como esta, no es una diversión inofensiva. Estás siendo un acosador cibernético. Si usted es el objetivo de este tipo de tratamiento, está siendo intimidado por Internet y hay cosas que puede hacer para detener el acoso.

¿Qué tan común es el acoso cibernético durante la adolescencia?

La intimidación no es nueva, pero gracias a Internet, los adolescentes están siendo intimidados en casa. El acoso en línea, más a menudo llamado acoso cibernético, es un problema grave. Cuando la intimidación llega a casa a través de Internet, puede dejar a los objetivos sentirse indefensos y abrumados.

Los padres deben saber algunos hechos de acoso cibernético antes de que sus preadolescentes comiencen la escuela intermedia. Aproximadamente uno de cada cinco adolescentes informa haber sido blanco de acoso cibernético, de acuerdo con un estudio exhaustivo de niños de nueve a once años. En particular, los investigadores encontraron que el once por ciento de los niños habían sido atacados en línea o a través de sus teléfonos celulares una o dos veces en el año anterior.

Un diez por ciento adicional de los estudiantes había experimentado intimidación cibernética tres o más veces en el año.

Datos adicionales sobre el acoso cibernético: cuando se les preguntó acerca de la forma del acoso, el dieciocho por ciento de los adolescentes encuestados dijo que el acoso ocurrió por correo electrónico, mientras que el diecisiete por ciento dijo que ocurrió en una sala de chat. La intimidación a través de mensajes instantáneos era menos común (trece por ciento), al igual que los mensajes de texto (doce por ciento), los comentarios en un sitio web (once por ciento) y la distribución de una foto vergonzosa (siete por ciento).

La mayoría de los adolescentes señalados dijeron que no conocían la forma que tomó el acoso cibernético (veinticinco por ciento) o informaron que tomaba una forma diferente a cualquiera de los formularios enumerados aquí (veintidós por ciento). Estos hallazgos indican cuánto deben aprender los investigadores sobre el acoso cibernético. Los resultados poco claros sobre las formas de intimidación cibernética también subrayan el secreto y la vergüenza que a menudo acompañan a ser intimidado.

¿Por qué la gente ciber intimidación?

Algunos intimidan porque sus modelos a seguir (a menudo sus padres o hermanos mayores) también son agresores. Es natural que los niños imiten el comportamiento de sus modelos a seguir. Otros parecen nacer con una falta de empatía hacia los demás o con la sensación de que son superiores a los demás. Es casi imposible que estas personas entiendan lo que su comportamiento intimidatorio les hace a sus víctimas. Solo el asesoramiento profesional (que a veces dura años) puede revertir estas personas defectuosas.

La intimidación ha existido para siempre. Pero el acoso cibernético es diferente porque permite que un bravucón permanezca en el anonimato y gracias a Internet, ahora los adolescentes son intimidados en casa. Es más fácil intimidar en el ciberespacio que intimidar cara a cara. Con el acoso cibernético, un agresor puede atacar a las personas con mucho menos riesgo de ser atrapado.

Los acosadores son instigadores naturales y en el ciberespacio, los acosadores pueden contar con la participación de otros estudiantes que normalmente no están dispuestos a intimidar en el mundo real. Desafortunadamente, los niños que permanecen sin hacer nada en un incidente de intimidación en la vida real a menudo se convierten en participantes activos del acoso en línea.

El desapego que brinda el ciberespacio convierte a los agresores en personas que nunca se verían involucradas en un incidente de la vida real. Internet hace que la intimidación sea más conveniente y, dado que la reacción del objetivo sigue siendo invisible, las personas que normalmente no abusarían no se lo toman tan en serio.

¿Qué se puede hacer sobre el acoso cibernético?

Hay muchas cosas que se pueden hacer para combatir el acoso cibernético.

¿Recuerdas a los matones en la escuela secundaria cuando éramos jóvenes? El acoso cibernético es una nueva forma de intimidación y surge de la capacidad de nuestros adolescentes para conectarse entre sí a través de sitios web sociales de internet, correo electrónico y teléfonos celulares. Si bien la capacidad de hablar con amigos de diferentes maneras es divertida, les ha dado a los agresores una nueva forma de hacer lo que quieren hacer: herir a la gente. Y ese es el punto principal que quiero plantear aquí: usar Internet para intimidar es nuevo, pero el acoso escolar no lo es.

Por lo tanto, si su adolescente está lidiando con el acoso cibernético, lo trata como lo haría si su adolescente está siendo intimidado en el patio de la escuela. Aquí hay algunos consejos sobre lo que puede hacer si su hijo adolescente está lidiando con el acoso cibernético.

Previniendo el acoso cibernético

Enseñar a los niños a respetar a los demás y tomar una posición contra el acoso de todo tipo ayuda y debe ser recompensado por tomar esa posición. Las escuelas pueden trabajar con los padres para detener y remediar el acoso cibernético.

También pueden educar a los estudiantes sobre ética cibernética y la ley. Si las escuelas son creativas, a veces pueden evitar el reclamo de que sus acciones excedieron su autoridad legal para acciones de acoso cibernético fuera del campus.

Educar a los niños sobre las consecuencias (perder sus cuentas de ISP o MI) ayuda. Enseñarles a respetar a los demás y tomar una posición en contra de la intimidación de todo tipo ayuda también. Debido a que sus motivos son diferentes, las soluciones y las respuestas a cada tipo de incidente de acoso cibernético también deben diferir. Las escuelas pueden trabajar con los padres para detener y remediar el acoso cibernético.

Los padres también deben entender que un niño tiene la misma probabilidad de ser un acosador cibernético que un blanco de acoso cibernético y, a menudo, va y viene entre los dos roles durante un incidente. Es posible que ni siquiera se den cuenta de que son vistos como un acosador cibernético.

- **Establecer reglas.** Los padres deben hacer que sea parte de las reglas de su computadora o contrato de crianza que su hijo adolescente les muestre cualquier amenaza o cualquier tipo de palabras de odio que se les hagan. También querrán enfatizar a sus hijos adolescentes que no tolerarán que digan cosas que son perjudiciales para otros.
- **Enséñele a su adolescente a ser inteligente con ellos redes sociales.** Muéstrele a su adolescente cómo eliminar mensajes ofensivos y evitar que los ciberacosadores puedan dejar mensajes en sus sitios web sociales.
- **Dígale a su hijo adolescente que está bien no un *'amigo'*** de todos los que lo piden en Facebook u otros sitios de redes sociales.

Cómo puedes detener el acoso cibernético una vez que comienza

Hay dos cosas que los padres deben considerar antes que cualquier otra cosa.

- ¿Su niño está en riesgo de daño físico o asalto?
- ¿Cómo están manejando los ataques emocionalmente?

Si hay alguna indicación de que la información de contacto personal se ha publicado en línea o de que se ha amenazado a su hijo, debe dirigirse, no caminar, a su agencia policial local.

Haga una impresión de todas las instancias de acoso cibernético para mostrarlas, pero tenga en cuenta que una impresión no es suficiente para demostrar un caso de acoso cibernético o acoso ciber stalking. Necesitará evidencia electrónica y datos en vivo para eso. Es crucial que se preserve toda la evidencia electrónica para permitir el rastreo de la persona y tomar las medidas necesarias. ¡La evidencia electrónica corre el riesgo de ser eliminada por los proveedores de servicios de Internet a menos que usted les notifique inmediatamente que necesita preservar esos registros! Por lo tanto, verifique la cuenta de correo electrónico en la que vinieron y llame al proveedor de servicios de Internet.

Desafortunadamente, a veces los padres también reaccionan de manera inadecuada. Deben apoyar a sus hijos y darse cuenta de que estos ataques pueden seguirlos a sus hogares, que de otro modo estarían seguros. El riesgo de dolor emocional es muy real y muy serio, por lo que los padres no deben ignorar su difícil situación.

¿Por qué el acoso cibernético es tan serio?

Puede parecer que el acoso cibernético es una cuestión trivial. Quizás pienses que la respuesta es simplemente prohibir que se conecten o evitar que abran sus mensajes, con la esperanza de que todo se acabe.

Incluso si crees que el acoso en persona es un problema, puede parecer que hay poco daño que se puede hacer en línea. Esto está lejos de la verdad, sin embargo. El acoso cibernético puede ser incluso más peligroso que los incidentes en persona:

- Puede ser más difícil detener a un acosador en línea;
- La violencia emocional puede ser más dañina que la violencia física;
- El acoso cibernético puede tener efectos a largo plazo, ya que los chismes, las mentiras, las fotos y los videos se mantienen mucho tiempo después de que los moretones se desvanezcan;
- El acoso cibernético sigue a las personas hacia el hogar, que normalmente se consideraría un refugio seguro para este tipo de actividad;
- Es fácil suplantar a otra persona en línea, ganar la confianza de alguien y luego activarla.

Sanciones por intimidación cibernética

Aunque los objetivos pueden presentar cargos criminales, la mayoría de las veces el acoso cibernético no llega tan lejos como para que la ley deba intervenir, aunque los objetivos a menudo pueden intentar presentar cargos criminales. El acoso cibernético, sin embargo, puede dar como resultado un cargo menor de acoso cibernético, o si el niño abusador es lo suficientemente joven puede resultar en el cargo de delincuencia juvenil. Intimidación cibernética debe tener un menor en ambos lados, o al menos ha sido instigado por un menor contra otro menor para que esto suceda.

Por lo general, puede ocasionar que la persona pierda sus cuentas de ISP o de MI porque violó las reglas de los términos de servicio. En algunos casos, si se trata de piratería informática o de contraseña y robo de identidad, las agencias de aplicación de la ley estatales y federales pueden ellos imputarles cargos penales graves. Lamentablemente, muchos no denuncian el acoso cibernético o no saben con quién hablar sobre el acoso.

Debido a que los motivos del acosador cibernético difieren, las soluciones y las respuestas a cada tipo de incidente de acoso cibernético también deben diferir. Alentamos a las escuelas a trabajar con los padres para detener y remediar el acoso cibernético y educar a los estudiantes sobre la ética cibernética y la ley.

Tratar con Ciberacoso cuando sucede

Lo más importante que un objetivo del acoso cibernético puede hacer es no responder al acosador.

- No juegues en los juegos del matón;
- ¡No responda correos electrónicos!
- ¡No respondas a las publicaciones!
- No participe en un intercambio de sala de chat;
- ¡No copies lo que está haciendo el bravucón!
- Ignorar el acoso y obtener ayuda de padres y maestros;
- No ignore el acoso cibernético. Nunca. Explique a su hijo adolescente que no es su culpa que haya sido blanco de un acosador cibernético. A menudo los adolescentes vuelven estos problemas hacia adentro y comienzan a sentirse menos seguros de sí mismos. Verbalmente afirman que no tienen la culpa y que es menos probable que lleven un golpe a su nivel de autoestima;
- No te involucres en el ciberacoso y no permitas que tu adolescente lo prolongue. Cuanto más usted o su adolescente intenten hablar con quién está haciendo el acoso escolar, más

escalará y se lo puede encontrar culpable por no informar el problema en primer lugar;
- Si su hijo es víctima de un acoso cibernético en la escuela, informe el incidente a la escuela. Incluya una captura de pantalla o una copia del correo electrónico donde tuvo lugar el acoso cibernético. Si la escuela no puede hacer nada, informe el incidente a la policía;
- Además, asegúrese de reportar el incidente a su servicio de internet. Si el incidente de acoso cibernético ocurre mientras su hijo está en su hogar, informe el incidente al proveedor de Internet del delincuente reenviando el correo electrónico o informándolo al sitio donde ocurrió;
- Si el acoso cibernético incluye amenazas de violencia física, denúncielo *inmediatamente* a la policía local. Esto puede parecer duro, porque es un correo electrónico y la persona no está allí en este momento, pero una amenaza física de violencia no es nada para tomar a la ligera. Protege a tu hijo adolescente Debería informarlo especialmente a la policía si continúa por cualquier extensión en el tiempo y no es solo un incidente de una sola vez;
- Si el acoso cibernético está sucediendo de forma anónima, *es aún más importante denunciarlo.* Puede que nunca se convierta en algo violento, pero muchas veces lo hace. La policía puede rastrear quién envía los correos electrónicos, así que déjelos manejarlo;
- Si bien ignorará al atacante, asegúrese de conservar la evidencia para que los funcionarios de la escuela, los proveedores de Internet e incluso la policía puedan tratar adecuadamente con el atacante. El acoso cibernético puede dar a los acechadores el anonimato, pero siempre deja evidencia y un rastro de información que pueden ser revisados por expertos.

¿Se puede detener el acoso cibernético?

Las escuelas deben tomar en serio todo tipo de intimidación. Tan pronto como comience el acoso cibernético, diríjase a las autoridades escolares para pedir ayuda. Pida ver su política sobre intimidación y acoso cibernético porque el acoso cibernético a menudo es una extensión o un aumento de la intimidación que ya está sucediendo en la escuela. Si este es el caso, pregunte qué se ha hecho para detener el acoso escolar. Los padres deben mantenerse informados sobre lo que está sucediendo ahora y lo que sucedió en el pasado.

Es poco probable que la policía se involucre si el acoso escolar se limita a algunos incidentes aislados o un par de correos electrónicos o mensajes instantáneos. Sin embargo, si recibe una sola comunicación que incluye una amenaza de daño corporal o una amenaza de muerte, se debe alertar a la policía inmediatamente.

Una veintena de jóvenes en Queensland se quitan la vida cada año. La mayoría tiene entre quince y diecisiete años, pero los suicidios de niños de diez a catorce años han aumentado. El contenido en foros en línea como Facebook y Tumbir aumenta el riesgo de suicidios falsos donde los usuarios instan a otros a quitarse la vida o hacerse daño a sí mismos.

Tenga en cuenta que otros que instan a las personas a suicidarse se consideran una amenaza de muerte y la policía lo tratará en consecuencia.

Los niños vulnerables que han sido intimidados o tienen problemas de salud mental están en riesgo. Los padres deben controlar cuidadosamente lo que les sucede en las redes sociales o mensajes de texto en sus teléfonos.

¿Por qué ciberacoso es tan difícil de detener?

- Los acosadores tradicionales pueden ser suspendidos de la escuela, prohibidos en ciertos lugares o actividades o incluso arrestados, pero los acosadores cibernéticos son más elusivos;
- El anonimato de Internet hace que sea difícil estar seguro de quién está haciendo el acoso escolar;
- El anonimato de Internet hace que los acosadores cibernéticos (especialmente los niños) sean más audaces;
- El acoso cibernético puede cruzar líneas estatales e incluso internacionales, por lo que es casi imposible enjuiciar;

- La mayoría de los acosadores cibernéticos pueden pensar que no serán atrapados o castigados;
- Otros pueden minimizar el daño que está haciendo el acosador cibernético.

¿Cuándo debería involucrarse la policía?

El acoso repetido o excesivo a través del correo electrónico, foros o salas de chat es un acoso y debe involucrar a la policía. Las amenazas de violencia definitivamente deben ser denunciadas a la policía. Asegúrese de guardar todos los mensajes como evidencia. La policía sabrá qué hacer con ellos.

No soportes el acoso cibernético; consigue ayuda. El acoso cibernético deja un claro rastro de evidencia y esto puede funcionar en beneficio del víctima. Los acosadores cibernéticos son simplemente matones con una nueva arma en su arsenal de acoso, así que trátalos como lo harías con cualquier matón y perderían su poder.

Cómo evitar que su hijo sea el objetivo

Conozca el sistema de apoyo de su hijo

La mejor manera de evitar que su hijo sea una víctima es mantener abiertas las líneas de comunicación. Esto significa caminar una delgada línea entre un cuidador preocupado y un padre sobreprotector. Su hijo necesita sentir que él o ella puede acudir a usted sin repercusiones negativas. Si temen que no les permita usar Internet o eviten que salgan con amigos, no confiarán en usted. También significa escuchar con atención y evitar la tendencia a trivializar lo que ellos están experimentando. Puede que no parezca un gran problema para un adulto que los niños más populares de la escuela se burlen del pelo o la ropa de su hijo, pero puede ser un duro golpe para la autoestima de un niño o adolescente si eso sucede.

Se firme.

Establezca reglas con respecto a cuándo y cuánto tiempo puede estar su hijo en línea. El acceso a Internet es similar a invitar a alguien a su casa, por lo que puede optar por solo permitir el tiempo web cuando se encuentre en su casa. Use filtros de

Internet, temporizadores y todo lo que necesite hacer para proteger a su hijo.

Comprenda a sus hijos

Esto es muy importante. Los niños que ya sufren de baja autoestima o depresión son los principales objetivos del ciberacoso. Puede ser tentador suponer que su hijo atraviesa una fase o simplemente está de mal humor, pero es mejor buscar ayuda profesional si hay un problema en lugar de esperar a que las cosas cambien.

Conozca los signos de peligro.

Su hijo puede volverse más retraído o malhumorado. Ellos pueden pasar más tiempo en línea o puede negarse a usar la computadora por completo. Pueden cortar lazos con amigos. Si su hijo da alguna indicación de que están siendo intimidados o no, tómelos en serio.

Educar.

Enséñele a su hijo qué hacer en caso de que se él o ella sienta amenazado o intimidado. Deben ignorar al ofensor y contactar a un adulto inmediatamente. Nunca deberían comprometerse con la persona que los amenaza, ya que eso solo alentará el comportamiento para continuar. Como adulto, si te sientes amenazado por alguien en línea, contacta a la policía solo para estar seguro. También puede usar medidas incorporadas en ciertos sitios web, como ignorar o informar a alguien más.

Capítulo 5

Las nuevas drogas sintéticas

Un excelente video sobre las nuevas drogas sintéticas se puede encontrar en YouTube: *Crime Stoppers Queensland - nuevas drogas de síntesis: daño Real - entrevista médico* https://www.youtube.com/watch?v=xp0_aWr77t4

¿Qué drogas sintéticas?

El término drogas sintéticas se utiliza a menudo para describir los medicamentos que son nuevos en el mercado, o se han convertido en más ampliamente utilizado en los últimos años. El efecto de estos fármacos imita los de fármacos más establecidos como el LSD, la cocaína y el cannabis, pero a veces son mucho más potentes.

El nombre *'drogas sintéticas'* puede ser confuso, ya que no distingue estos nuevos fármacos de drogas ilícitas como el LSD, el éxtasis y la velocidad que también se sintetizan a partir de productos químicos (en lugar de extraerse de las plantas, como el cannabis, la cocaína y la heroína).

Estas nuevas drogas pueden pedir legalmente por internet principalmente desde China, donde las drogas son legales. Productores de estas sustancias han sido remonta a fábricas en China que venden en la web. Ellos son enviados por paquetería y parece ser capaz de deslizarse bajo el radar de los funcionarios de aduana debido a su empaque.

Son baratos y se venden como *'máximos legales.'* Localmente, tiendas de conveniencia, sex-shops y tiendas de tabaco inocente están vendiendo los medicamentos, sin saber que está causando terribles resultados. Ha habido muchas muertes y usuarios (algunos de ellos muy jóvenes) sufren terribles problemas de salud tales como accidentes cerebrovasculares, daño cardíaco, daño renal riñón donde algunos tienen que ir a diálisis. Otros tienen estallidos de violencia, psicosis, miedos irracionales y depresión. Algunos están tan deprimidos que se suicidan. Otros tienen que abandonar la escuela porque no pueden pensar bien.

Se venden más de un centenar de estas nuevas drogas sintéticas y como uno está prohibido, otra aparece con una composición química ligeramente diferente. Algunos se comercializan en pequeños paquetes que se asemejan a tarjetas de coleccionista de leyendas deportivas y muchos padres no saben lo que son.

Puede ser pack edad como pastillas para fiestas, polvos, hierbas altas, sales de baño, infusiones o incluso alimentos vegetales, pero a menudo contienen productos químicos nuevos pero diseñados para imitar los efectos de drogas como cannabis, LSD y anfetaminas.

Tienen nombres tales como: OMG, Tai alta, Kryp2nite, Rave, arándano, Golpeó, Kapow, real de Amsterdam, K2, Mamba negra, especias, Benzo Fury, Kronic, Minga y Revolver blanca.

Que ha causado innumerables muertes - *251-NBome (es decir: N-bomba) es veinte - cinco veces más fuerte que el LSD.*

Son alucinógenos – es decir, las drogas que distorsionan las percepciones, y ambos pueden causar psicosis (una pérdida de contacto con la realidad) en algunas personas. Otros no saben que están tomando NBOMe porque piensan que están comprando LSD.

Cuando una sustancia en Australia está prohibida legal proceso lleva tanto tiempo que ' s mucho tiempo para otro fármaco para tomar su lugar. El Ministerio de salud han estimado que $ 140 millones de estos fármacos vendidos en tan solo 10 meses.

Estas drogas sintéticas pueden tener otros efectos tóxicos en el cuerpo no experimentó con LSD incluyen: convulsiones, agitación, problemas del corazón y los vasos sanguíneos, hipotermia, acidosis metabólica (los riñones no pueden eliminar suficiente ácido del cuerpo) insuficiencia de órganos e incluso la muerte.

Un adolescente llevó a una de estas drogas, comenzó a hablar de una milla por minuto, corriendo en círculos, había un terrible ataque de pánico y saltó de un balcón a su muerte.

Cannabis sintético

Otro medicamento que es mortal es el cannabis sintético que es *cien veces más fuerte que la marihuana*. Cannabis sintético es esencialmente material vegetal que ha sido rociada con productos químicos y puede causar daños renales irreparables.

Personas fuman estos productos para que pueden experimentar una 'alta' similar a la marihuana. Se ha asociado con un creciente número de muertes y efectos adversos graves.

Algunas personas también han experimentado efectos graves para la salud mental incluyendo alucinaciones, psicosis, pánico y ansiedad después de tomar cannabis sintético. Aunque son populares entre los jóvenes (especialmente los adolescentes) la evidencia sugiere que son también populares entre los adultos en sus veinte y treinta años. Una encuesta de 2011 de 316 usuarios de productos sintéticos de cannabis encontró que el cincuenta por ciento de los usuarios eran de veintiocho años y más y una cuarta parte eran más de treinta y cinco.

El tráfico de drogas sintéticas ha invadido nuestra juventud y estamos teniendo un tiempo terrible estos traficantes de lastimar a nuestros jóvenes. Algunas de las personas que venden estas drogas sintéticas ganan hasta 30 mil dólares al día, así que es difícil disuadirlas de venderlos cuando los beneficios son tan buenos. Hay una nueva contracultura que explota las lagunas legales que proporcionan a los usuarios una alta alteración mental cambiando la composición química de las drogas sintéticas para mantenerse por delante de lo que puede hacer la policía para detenerlos.

Especia fue la primera de una serie de productos de cannabis sintético vendidos en muchos países europeos. Desde entonces se han desarrollado una serie de productos similares tales como Kronic, Northern Lights, Mojo, rayo de oro, rayo rojo y padrino.

El gobierno australiano ha impuesto una prohibición sobre posesión o venta de sustancias como alcohol, tabaco y alimentos que tienen sustancialmente el mismo efecto que una droga peligrosa. Sin embargo, tiendas en toda España todavía abiertamente están vendiendo drogas psicoactivas ilícitas que imitan la marihuana, cocaína, LSD y éxtasis. Algunas de estas drogas tienen hasta cien veces el ingrediente activo de las drogas ilícitas como el cannabis, que hace que los usuarios sean cobayas, mientras que los delincuentes reciben los beneficios.

Dueños de sex shop y tiendas de tabaco siguen siendo los principales proveedores, a pesar de nuevas leyes prohibiendo su venta. Cannabis sintético se vende como té de ochenta dólares por un paquete de tres gramos. Estos tés especiales son sumergidos en una sustancia alucinógena potencialmente fatal que ha llevado directamente a la muerte de los jóvenes.

Nuestro mayor problema es que no sabemos lo que es en muchos de estos medicamentos, pero sabemos los resultados, falta del órgano, los asimientos y paranoia.

Personas con vocación de comunidad son animadas a Informe ver alguno de estos fármacos antes de que alguien termina en un servicio de urgencias de un hospital o morir.

A finales de mayo de 2015, un medicamento derivado del cannabis perdió su estatus de veneno en Australia y será incluido en la lista de medicamentos recetados. Se espera que los ensayos de cannabis medicinal comiencen en 2015 en Queensland, NSW y Victoria. El cannabis en sí mismo sigue siendo ilegal en todos los estados de Australia.

¿Cómo se puede reducir el daño de estas drogas?

Tenga en cuenta lo siguiente (algunos de estos consejos provienen de la Australian Drug Foundation):

Nota: El EPS es abreviatura de *'nuevas sustancias psicoactivas.'* (El plazo de psicoactivo significa que las drogas afectan al cerebro que causa cambios en pensamiento, estado de ánimo o comportamiento).

- Porque los productos cambian constantemente, es muy difícil determinar los efectos de la EPS, incluso si la persona ha tomado antes. Así actividades como conducir, nadar y maquinaria son especialmente peligrosas para cualquier persona afectada por estos medicamentos.

- Muchas EPS contienen una variedad de rellenos y agentes anestésicas que podrían conducir a problemas de salud, especialmente si se inyecta.

- Algunos productos pueden causar convulsiones o latidos cardíacos rápidos o irregulares. Estas son especialmente problemáticas si el usuario tiene alguna condición de salud subyacente.

Dado el gran número de estos fármacos en el mercado, puede ser difícil para los médicos saber cómo tratar a alguien que ha sobredosis de o que tiene problemas de salud causados por la EPS. El tratamiento podría ser más rápido y más eficaz si alguien puede orientar exactamente lo que se ha tomado y la dosis. El paquete de abastecimiento podría ser útil.

Si alguien es afectado gravemente por cualquier droga, llame una ambulancia inmediatamente. No dejes que el miedo del policía participación afecta su decisión. Esperando unas horas puede hacer la diferencia entre alguien salvos o ser muerto.

Funcionarios de ambulancia no llamará a la policía a involucrarse a menos que haya una muerte, la violencia grave donde necesitan ayuda para controlar la situación, o si la persona tiene drogas ilícitas sobre ellos cuando llegan a un hospital.

Nueva idea para garantizar medicamentos de un partido-goer son seguros

Dos países están abordando la situación de las drogas de una manera única – y otros países están buscando seriamente en él porque parece estar funcionando. Establecimientos donde saben que los clientes utilizan las drogas, está configurando un análisis de la píldora al propietario si es segura tomar la droga. La persona permanece anónima, pero se da un número cuando salen sus píldoras con el probador. Media hora después el usuario de drogas vuelve al sitio de pruebas y es informado si la droga es segura. Si la droga es demasiado potente para el peso del usuario, los probadores se sugieren que el propietario tome un cuarto o la mitad de la píldora en lugar de una pastilla completa que podría tener efectos secundarios peligrosos. Para unas pastillas, el dueño se aconseja que hay sustancias químicas peligrosas en las pastillas y no deben tomarlos. El dueño de las drogas deja el área de pruebas con sus drogas.

En Austria y los Países Bajos, los expertos están llevando a cabo estos servicios de control de drogas. Los estudios sobre el programa austríaco (que ha durado más de dos décadas) muestran que un tercio de las personas a las que se sometieron sus medicamentos a drogas, decidieron no tomarlas; Lo que demuestra que los servicios de fiscalización de drogas realmente redujeron el uso de drogas - en lugar de aumentarlo.

Hay una gran diferencia en la manera de las personas consumen éxtasis en Australia en comparación con Europa y a menudo no tienen una idea del contenido real de lo que está tomando. Que falta de conocimiento, combinado con la posición de Australia como los mayores consumidores per cápita de éxtasis en el mundo, es una receta para el desastre. Esta prueba de drogas podría ser la respuesta.

Sin embargo, el comandante de la Brigada de Estupefacientes, de NSW, Tony Cooke, explicó que no cree que se permita el chequeo de drogas en Australia porque sería un *'apoyo tácito'* al uso de drogas y *'Estas drogas son ilegales.'*

Muchos piensan que este nuevo concepto sólo fomentará el uso de drogas, pero la prohibición de las drogas no parece estar funcionando y algunos piensan que es una alternativa a tomar las drogas, detener y encarcelar a los usuarios (que saldrán de la cárcel y seguirán comprando más drogas).

Fumar durante y después del embarazo

Otro peligro para los niños es su adicción de los padres a fumar, cigarrillos y marihuana.

Los padres que fuman cigarrillos o marihuana cuando están alrededor de los niños son abusadores de niños. Humo ambiental del tabaco disminuye el riego sanguíneo a los huesos y corta nutrientes vitales y contiene hasta 150 veces mayores niveles de carcinógenos que el humo inhalado directamente por los fumadores de cigarrillos.

Los fumadores pasivos más vulnerables son los bebés en el útero. Con cada soplo, disminuye la cantidad de sangre y oxígeno que el feto. Esto es lo que crea daño cerebral. Cinco minutos después de que la madre tenga un cigarrillo, acelera el corazón de su bebé y disminución de movimientos respiratorios. Estos son signos de sufrimiento fetal.

Riesgo de la madre de tener un bebé mortinato se aumenta perceptiblemente y es 80% más probabilidad de tener un aborto espontáneo que un no fumador. Si ella fuma, cuerpo y cerebro de su bebé pesará menos al nacer y sus posibilidades de retardo mental y defectos congénitos, como mancha de vino de Oporto, paladar hendido y labio leporino, será mayores.

Muchos investigadores han encontrado que el síndrome de muerte súbita infantil temido es pasivo relacionado con el tabaquismo. Una estimación impactante es que veinte a treinta por ciento de las mujeres australianas fuman durante sus embarazos, afectando a 76.500 bebés nacidos en Australia cada año.

Capítulo 6
Drogas ilícitas

© *Australiano Drogas Fundación 2014.* Utilizado por misión - ver más en:
http://www.ADF.org.au/legal-Miscellaneous/Australian-Drug-Foundation-Copyright-requests#sthashZAdBXstZ.dpuf

Alcohol

- **Nacional:** Alcohol es la droga más ampliamente utilizada en España.

- 86.2% de los australianos de catorce años y más de haber bebido alcohol una o más veces en su vida[1].

- 37.3% de los australianos de catorce años y sobre consumir alcohol sobre una base semanal[1].

- El grupo de edad con mayor número de australianos que beber diariamente es setenta más años[1].

- Alrededor de uno de cada cinco, (18,2%) Australianos mayores de catorce, beben a niveles que los ponen en riesgo de daño relacionado con el alcohol durante su vida[1].

- • Alrededor de una de cada seis personas (15,6%) de doce años o más había consumido once o más bebidas estándar en una sola ocasión de beber en los últimos doce meses[1].

- • Una de cada cuatro mujeres bebe alcohol durante el embarazo, a pesar de que las Pautas Australianas sobre el Alcohol recomiendan no beber durante este tiempo[1].

- Alrededor de uno de seis personas (15,6%) de doce años o más viejo había consumido once o bebidas más estándar en beber sola ocasión en los últimos doce meses[1].

- Una de cada cuatro mujeres bebe alcohol durante el embarazo, a pesar de que las Pautas Australianas sobre el Alcohol recomiendan no beber durante este tiempo[1].
- $7b es generado por impuestos relacionados con el alcohol. Pero el alcohol cuesta sociedad $15.3b anualmente[3].
- Alcohol causa más de dos veces tantas muertes (3.494) que los accidentes de carretera (1.600) en 2005[4].
- Uno de cada diez trabajadores dice haber experimentado los efectos negativos del uso de alcohol por parte de un compañero de trabajo[5,6].
- **Gente joven:** Jóvenes australianos (de catorce a veinticuatro) tienen su primer completo servir alcohol a los 15,7 años en promedio[1].
- 72.3% de doce a diecisiete años no han consumido alcohol en los últimos doce meses[1].
- 17% de quince a dieciocho años dicen que tuvieron relaciones sexuales cuando está borracho que más tarde lamentó[7].
- Alcohol contribuye a las tres principales causas de muerte adolescente: lesiones, homicidio y suicidio[8].
- Amigos o conocidos son las fuentes más probables de alcohol para niños de doce a diecisiete años (45,4%), con los padres siendo la segunda más probable fuente (29,3%)[1].
- **Victoria:** En promedio, hubo treinta asistencias de ambulancia relacionados con el alcohol en Melbourne metropolitana por día en 2012/13 (25% de aumento del 2011/12) y diez por día en Victoria regional (30% de aumento). La edad promedio de estos pacientes fue de cuarenta años[10].
- Alcohol fue la causa de la mayoría de las asistencias ambulancia relacionados con las drogas, con 11.159 asistencias en 2012/13 en comparación con 3.159 para benzodiacepinas, 1.901 para heroína, 1.584 de analgésicos no

opiáceos (como paracetamol) y 1.112 para cristal de metanfetamina (ice)[10].

Analgésicos

- **Nacional:** 7,7% de los australianos mayores de catorce años han usado analgésicos para propósitos no médicos uno o más veces en su vida[1].

- 3.3% de los australianos de catorce años y más se han utilizado analgésicos con fines no médicos en los doce meses anteriores[1].

- **Gente joven:** Jóvenes australianos (de catorce a veinticuatro) primero prueba analgésicos con fines no médicos en quince años en promedio[1].

- Analgésicos son la droga más comúnmente usada (lícita o ilícita) entre doce a diecisiete años. A la edad de trece años, el 95% de este grupo de edad han usado analgésicos (sobre todo para los dolores de cabeza o síntomas de resfriado y la gripe)[9].

- 4% de niños de doce a diecisiete años tomar analgésicos desde su casa sin permiso y 3% comprar[9].

- **Victoria:** El número de asistencias de la ambulancia de analgésicos opiáceos en 2012/13 aumentó significativamente en comparación con el año anterior, 55% de aumento en Melbourne metropolitana y 21% en Victoria regional. También hubo un aumento de analgésicos no opiáceos – 38% en Melbourne metropolitana y 34% en la regional Victoria[10].

- Analgésicos no opiáceos (por ejemplo, paracetamol) son la tercera más común droga en asistencias de la ambulancia, después alcohol y benziodiazepines[10].

Benzodiazepine s

- **Nacional:** 4,5% de los australianos mayores de catorce años y más han utilizado píldoras tranquilizantes / dormitorio (incluyendo benzodiazepinas) para fines no médicos una o más veces en su vida[1].

- 1,6% de los australianos de catorce años y encima han usado tranquilizantes (benzodiazepinas incluyendo) para fines no médicos en los doce meses anteriores[1].

- **Gente joven:** Jóvenes australianos (de catorce a veinticuatro) primero prueba con tranquilizarse fines no médicos a los 18,2 años en promedio[1].

- **Victoria:** las benzodiazepinas contribuyeron a 56 muertes en Victoria en 2010, lo que representa casi el 17% del número total de muertes relacionadas con drogas investigadas por el Tribunal Coroners de Victoria en ese año[11].

- En 2012/13 hubo un promedio de ocho asistencias de ambulancias por día para benzodiacepinas en el área metropolitana de Melbourne, y dos por día en Victoria regional. Ambos representan pequeños incrementos con respecto al año anterior. La edad promedio de los pacientes que participaron en estas asistencias fue de treinta y ocho a cuarenta años[10].

- Las benzodiazepinas son la segunda droga en asistencias de la ambulancia en Victoria, después de alcohol[10].

Nuez de betel: Población de alrededor del 10 – 20% del mundo mastica la nuez de betel en alguna forma. Esto hace que sea la sustancia psicoactiva cuarto más utilizado, después de la nicotina, el alcohol y la cafeína[12,13].

Cocaína

- **Nacional:** 8,1% de los australianos mayores de catorce años y más han utilizado cocaína una o más veces en su vida[1].

- 2.1% de los australianos de catorce años y encima han usado cocaína en los últimos 12 meses[1].

- **Gente joven:** Jóvenes australianos (de catorce a veinticuatro) primer intento cocaína 19,2 años media[1].

- El 1,7% de doce a diecisiete años que toman cocaína sólo usar una o dos veces[9].

Caffeine (incluyendo bebidas)

- En Australia entre 2004 y 2010, hubo 297 llamadas a la Línea de información sobre venenos de NSW sobre la toxicidad de las bebidas energéticas con cafeína. Los síntomas más comúnmente reportados fueron palpitaciones / taquicardia, temblores, temblores, agitación e inquietud.[27]

- **Consumo:** 1 billón tazas de café al año se consumieron en cafeterías, restaurantes y otros establecimientos en Australia en 2006[26].

- Consumo de café se ha duplicado en los últimos treinta años de 1,2 a 2,4 kg por persona en España[26].

- Consumo mundial de café aumentado en 2010, con los consumidores, gastando un total de $ 10,7 billones, equivalente a 2,4 kilogramos de café por persona y por año[28].

- Ventas de energía bebidas en Australia y Nueva Zelanda se incrementó de 34,5 millones de litros en 2001 a 155,6 litros en 2010[29].

Cannabis

- **Nacional:** 34,8% de los australianos mayores de catorce años y más han consumido cannabis una o más veces en su vida[1].

- 10.2% de los australianos mayores de catorce años y más han consumido cannabis en los doce meses anteriores[1].

- **Gente joven:** Jóvenes australianos (de catorce a veinticuatro) primer intento cannabis 16,7 años en promedio[1].

- 14.8% de doce a diecisiete años han probado el cannabis, es la droga ilícita más comúnmente utilizada entre este grupo de edad[9].

- **Victoria:** Había 3,88 asistencias de ambulancia relacionados con el cannabis en Melbourne metropolitana por día y 1.52

en Victoria regional en 2012/13. La edad promedio de los pacientes involucrados en estas asistencias fue treinta años[10].

- Entre 2011/12 y 2012/13, hubo un aumento de 10% en el número de asistencias para el cannabis en Victoria metropolitana y regional que resultó en el hospital de transporte[10].

- Asistencia de ambulancia de cannabis sigue aumentando, con más del doble en 2012/13 que en 2003/04 en Melbourne metropolitana[10].

Éxtasis

- **Nacional:** 10.9% de los australianos mayores de catorce años y más han usado éxtasis una o más veces en su vida[1].

- 2,5% de los australianos de catorce años y encima han usado éxtasis en los últimos 12 meses[1].

- **Gente joven:** Jóvenes australianos (de catorce a veinticuatro) primero prueba con éxtasis a los 18,2 años en promedio[1].

- 2.7% de doce a diecisiete años han probado éxtasis[9].

- **Victoria:** En metropolitano y regional Victoria, hubo un aumento del 60% en el número de asistencias de la ambulancia donde el paciente cree que habían tomado éxtasis entre 2011/12 y 2012/13[10].

- La proporción de asistencias, donde el paciente divulgó tener éxtasis y alcohol disminuyó en un 10% en la metropolitana de Melbourne[10].

- El número de asistencias que en el hospital de transporte aumentado en 2012/13, que podría indicar un aumento de sustancias nocivas en éxtasis pastillas[10].

GHB

GHB (gamma hidroxibutirato) es una droga depresora que retrasa los mensajes entre el cerebro y el cuerpo. Otros nombres G, fantasía, lesiones corporales graves (GBH), éxtasis líquido,

líquido E, líquido X, Georgia Home Boy, jabón, cuchara, cherry meth, nitro azul. GHB es generalmente tragado, pero a veces se ha inyectado o insertar analmente.

- **Nacional:** 0,9% de los australianos mayores de catorce años y más han utilizado GHB una o más veces en su vida[1].

- **Gente joven:** Jóvenes australianos (de catorce a veinticuatro) primer intento GHB 20,1 años en promedio[1].

- **Victoria:** El número de asistencias de ambulancia GHB en 2012/13 aumentó en 42% (asistencias a 578) en Melbourne metropolitano y 3% (42) en Victoria regional desde el año anterior[10].

Alucinógenos

- **Nacional:** 9,4% de los australianos mayores de catorce años y más han utilizado alucinógenos una o más veces en su vida[1].

- 1.3% de los australianos mayores de catorce años y más han utilizado alucinógenos en los doce meses anteriores[1].

- **Gente joven:** Jóvenes australianos (de catorce a veinticuatro) primero prueba con alucinógenos a los 18,5 años en promedio[1].

- 3% de niños de doce a diecisiete años han intentado hallucinogens como LSD[9].

Inhalantes

- **Nacional:** 3,8% de los australianos mayores de catorce años y más han usado inhalantes una o más veces en su vida[1].

- 0,8% de los australianos de catorce años y encima han usado inhalantes en los doce meses anteriores[1].

- **Gente joven:** Jóvenes australianos (de catorce a veinticuatro) primer intento inhalantes 16,9 años en promedio[1].

- Alrededor de una de cada cinco personas de doce a diecisiete años han olfateado los inhalantes al menos una vez[9].

- **Victoria:** Uso de en 2012/13 el número de asistencias de ambulancia relacionado con inhalantes en Melbourne metropolitana cayó en un 10% - de 135 en 2011/12 a 122 en 2012/13. Asistencias en el regional Victoria aumentó en un 121% - de catorce a treinta y cinco años de[10].

Heroína

- **Nacional:** 1.2% de los australianos mayores de catorce años han utilizado heroína una o más veces en su vida[1].

- 0,1% de los australianos de catorce años han usado heroína en los doce meses anteriores[1].

- **Gente joven:** Jóvenes australianos (de catorce a veinticuatro años) primer intento heroína 16,9 años en promedio[1].

- 1.6% de doce a diecisiete años han probado la heroína[9].

- **Victoria:** Hubo asistencias de ambulancia 5,21 relacionadas con heroína en Melbourne metropolitana y 0,28 en el regional Victoria por día en 2012/13 (estas cifras incluyen sobredosis no fatales)[10].

- Hubo una disminución de 13% en el número de asistencias de la ambulancia para sobredosis de heroína en Melbourne metropolitano y la disminución de 15% en Victoria regional en 2012/13 en comparación con el año anterior[10].

Naloxona

- Naloxona invirtió exitosamente veintitrés sobredosis de opioides entre 2011 y 2013, durante un juicio de administración por pares en Canberra[14].

- En Australia en 2009, hubo 563 muertes accidental atribuidas a opiáceos entre personas de 15-54 años. En el grupo de edad de más de cincuenta y cinco, hubo 70 muertes. Muchas de estas muertes eran debido a múltiples fármacos se incluyendo prescripción de opiáceos[15].

Metanfetamina (incluyendo el hielo)

- **Nacional:** 7.0% de los australianos de catorce años y encima han usado metanfetamina/anfetaminas una o más veces en su vida. [1]

- 2.1% de los australianos de catorce años y encima han usado anfetaminas/metanfetaminas en los doce meses anteriores. De estas personas, 50.4% Informe cristal o hielo como forma principal de la droga utilizada. [1]

- **Gente joven:** Jóvenes australianos (de catorce a veinticuatro) primer intento anfetaminas / metanfetaminas 18,6 años en promedio[1].

- 2.9% de doce a diecisiete años han probado anfetaminas[9].

- **Victoria:** El número diario de todos relacionados con la anfetamina ambulancia asistencias en 2012/13 aumentó significativamente en comparación con el año anterior – aumento del 88% en Melbourne metropolitano y un 198% en Victoria regional. Esto se atribuye a un aumento en el número de asistencias relacionadas con cristal meth-anfetamina (ice). [10]

- En Melbourne metropolitana hubo un aumento de 88% en el número de asistencias para hielo (el cristal de metanfetamina) entre 2011/12 y 2012/13, hasta un promedio de tres por día. En Victoria regional, el incremento fue de 198%, hasta 0,63 por día[10].

- Hielo (metanfetamina cristalina) es la cuarta más común droga en asistencias de la ambulancia, después alcohol, benzodiazepinas y no opiáceos analgésicos (como paracetamol)[10].

Nuevas sustancias psicoactivas

Nuevas sustancias psicoactivas (NPS) se están desarrollando a un ritmo sin precedentes. El Observatorio Europeo de las drogas y las Toxicomanías (OEDT) y Europol controla actualmente más de 450 NPS, que es cerca del doble del número de sustancias controladas bajo las convenciones de control internacional de drogas de las Naciones Unidas. Más de la mitad de éstos se han divulgado en los últimos tres años [16].

- **Nacional:** 0,4% de los australianos de catorce años y más se han utilizado sustancias psicoactivas nuevas en alguna etapa de sus vidas[1].

- 0,4% de los australianos de catorce años y más se han utilizado nuevas sustancias psicoactivas en los doce meses anteriores[1].

- **Reino Unido:** En el Reino Unido, ha habido una tendencia creciente en las muertes NPS con fuertes aumentos entre 2011 y 2012 (veinte y nueve a cincuenta y dos muertes). El número de muertes que NPS se levantó otra vez en 2013 un 15% a sesenta muertes[17].

Óxido nitroso

Según las tendencias australiano en éxtasis y relacionados con droga los mercados 2013 encuesta un cuarto (25%) de la muestra informó uso reciente de óxido nitroso en los seis meses anteriores a la encuesta. Esto es comparable con los resultados de 2012. Uso fue mayor en la Victoria (45%)[31].

Drogas de tratamiento farmacológico: (metadona, buprenorfina y naloxona)

En un día de la foto en junio de 2012, 46.697 clientes recibían tratamiento farmacoterapia en Australia. 68% recibida metadona, 19% recibió buprenorfina-naloxona y 13% recibidas buprenorfinas. [23]

Oxicodona

- **Nacional:** La cantidad de oxicodona ser prescrito por los médicos aumentó de 95,1 kg en 1999 a 1270.7 kg en 2008, un thirteen-fold de aumento de[18].

- **Victoria:** La cantidad de oxicodona está prescrita por los doctores aumentó nueve por habitante en 2000 a 67,5 mg per cápita en 2009,7,5 mg[18].

Cannabis sintético

Un estudio en línea realizado recientemente en 2012 encontró que de las personas que utilizan el medicamento:

- La edad promedio es de 27 años;
- 70% son hombre;
- 78% son empleados;
- 7% el uso diario. [20]
- **Nacional:** 1.3% de los australianos mayores de catorce años y más han consumido cannabis sintético en alguna etapa de sus vidas[1].
- 1,2% de los australianos mayores de catorce años y más han consumido cannabis sintético en los doce meses anteriores[1].
- Según datos australianos de la encuesta mundial sobre drogas, cannabis sintético fue el XX más comúnmente utilizado drogas – 4,1% de los encuestados había utilizado este tipo de droga en los últimos doce meses[20].

Tabaco

- **Nacional:** 39,8% de los australianos mayores de catorce años y más han utilizado tabaco[1].
- Más varones que mujeres son fumadoras diarias a través de todos los grupos de edad[1].
- Personas que fuman de doce años y ahumado en promedio 95,9 cigarrillos por semana[1].
- Aproximadamente uno de cada ocho (12.8%) Los australianos de catorce años y encima fuman diario[1].

- En 2012, 12,5% de todas las madres informaron que habían fumado durante el embarazo. Esto es abajo del 13.2% en 2011 y 13,5% en 2010[30].

- Madres adolescentes representaron 10.2% de todas las madres que reportaron fumar durante el embarazo. Pero de todas las madres adolescentes, 34.9% reportaron fumar[30].

- **Gente joven:** Jóvenes australianos (de catorce a veinticuatro) tienen su primer cigarrillo completo a 15,9 años en promedio[1].

- 77% de doce a diecisiete años no han fumado. Disminuye la proporción de doce a diecisiete años que nunca han fumado en los grupos de edad mayores, pero por la edad diecisiete más de la mitad nunca fumó[9].

- Alrededor el 4% de todos los niños de doce a diecisiete años han fumado más de 100 cigarrillos en su vida, que alcanza al 9% entre diecisiete años[9].

Sobredosis de

En Australia en 2009, hubo 563 muertes accidental atribuidas a opiáceos entre las personas de quince a cincuenta y cuatro años. En el grupo de edad de más de cincuenta y cinco, hubo 70 muertes. Muchas de estas muertes eran debido a múltiples drogas adoptando incluidos los opiáceos de prescripción. Alcohol y otros expertos de drogas sugieren que las muertes relacionadas con el opioide en Australia están aumentando. [21]

De todas las sustancias ilegales, heroína y otros opiáceos estaban involucrados con el mayor número de muertes relacionadas con drogas, a pesar del número de personas utilizando siendo baja en comparación con otras sustancias. Las anfetaminas como 'ice' tienen la segunda más alta tasa de mortalidad de drogas ilegales. [22]

Referencias
1. Australia Instituto de salud y bienestar. (2014). Canberra: Interrelacionar.

2. Callinan, S. y sala, R. (2012). *Consumo de alcohol durante el embarazo: los resultados de los 2010 encuesta nacional de drogas estrategia hogares.* Canberra: Fundación para la investigación de Alcohol y educación.

3. Manning, M., Smith, C. & Mazerolle, P. (2013). *Los costos sociales del uso indebido de alcohol en Australia.* Canberra: Instituto Australiano de Criminología.

4. Collins, D. & Lapsley, H. (2008). *Los costos de tabaco, alcohol y abuso de drogas ilícitas a la sociedad australiana en 2004/05.* Canberra: Commonwealth de Australia.

5. Laslett, A.M., Catalano, P., Chikritzhs, T., et al (2010). *El rango y magnitud del daño del alcohol a los demás.* Fitzroy: AER centro de investigación de política de Alcohol.

6. Dale, C.E. y Livingston, M. (2010). La carga de alcohol potable en compañeros de trabajo en el lugar de trabajo australiano. *Diario médico de Australia, 193*(3), 138-140.

7. Smith, A., Agius, p., Mitchell, A., Barrett, C. & Pitts, M. (2009). *Los alumnos de secundaria y salud sexual 2008: resultados de la 4 º Nacional encuesta de australiano los alumnos de secundaria, VIH/SIDA y Salud Sexual.* Melbourne: Centro de investigación australiano en el sexo, salud y sociedad.

8. sanidad y Consejo de investigación médica. (2009). *guías de Australia para reducir los riesgos para la salud del consumo de alcohol,* Canberra: NHMRC.

9. blanco, V. & Bariola, E. (2012). *Uso de los estudiantes de la secundaria australiana de tabaco, alcohol y sustancias ilícitas y medicamentos de venta libre en 2011.* Melbourne: El Consejo del cáncer, Victoria.

10. Lloyd, B., Matthews, S. y Gao, C.X (2014). *Proyecto de ambo – Alcohol y drogas relacionadas con asistencias de ambulancia: tendencias en alcohol y drogas relacionados con la asistencia de ambulancia en Victoria 2012/13.* Fitzroy: Convertir punto de Alcohol y drogas centro.

11. Tribunal de médicos forenses de la Victoria. (2012). *a muerte con la investigación, investigación en la muerte de David Andrew Trengrove*, emitido el 18 de mayo de 2012.

12. Organización Mundial de la Salud. (2012). Ginebra: Organización Mundial de la Salud.

13. Ashok, L., Deepika, N., Sujatha, G.P., & Shiva P.S. (2011). 'Areca nuez: ¿Masticar o no masticar?'. E-Journal of Dentistry, 1 (3), 46-50.

14. Olsen, A., McDonald, D., Lenton, S., & P. Dietze (2014). Canberra: Ley de salud.

15. Roxburgh, A. & Burns, L. (2013). Sydney: Nacional de drogas y Alcohol centro de investigación (NDARC).

16. Observatorio Europeo de drogas y las Toxicomanías (OEDT). (2015). nuevas sustancias psicoactivas en Europa – una actualización desde el sistema de alerta temprana de la UE, Lisboa: OEDT.

17. Oficina Nacional de estadística. (2014). Newport 2013: Oficina para la estadística nacional.

18. Rintoul, A.C., Dobbin, M., baterista, O.H. y Ozanne-Smith, J. (2011). Aumento de muertes con oxicodona, Victoria, Australia, 2000-09. *Prevención de lesiones*, *17*(4), 254-259.

19. Barratt, M.J. (2012)., Melbourne: droga de Yarra y foro salud.

20. mundial de la droga estudio. (2014). Londres: Encuesta Mundial de la droga.

21. Roxburgh, A. & Burns, L. (2013). Sydney: Nacional de drogas y Alcohol centro de investigación (NDARC).

[Nota del autor: en 2013 el número de tratados por los australianos codina adicción había triplicado a más de 1.000 al año, hasta de 318 en 2003. Una ingesta de 80 tabletas al día puede causar daño significativo a los órganos. En 2010, un aumento de personas que abusar de los analgésicos provocó un cambio de alimentación donde productos como Nurofen Plus, Panadeine y

Panadeine Extra se venden en paquetes más pequeños y emitidos por farmacéuticos.

El fármaco más usado en la década de 1960 fue diazepam, pero sólo en GP de la persona.

Metanfetamina de cristal

Uso de cristal de metanfetamina (Ice) en Australia es casi ocho veces el nivel de los Estados Unidos y casi cinco veces el nivel de Reino Unido. Los usuarios gastan un promedio de $300 a $500 por día, sus hábitos de alimentación y dos tercios admitió que cometieron delito que pagar por ello. Los jóvenes recurren para hielo como una alternativa más barata al alcohol.

De hielo dura más que el LSD, cocaína, éxtasis y velocidad. Un solo golpe las inundaciones el cerebro con dopamina que la persona se sienta eufóricos, alerta y enfocado. Sin embargo, las explosiones grandes y regulares de la dopamina que en el primero la persona sentirse bien, desgasta las regiones productoras de placer de su cerebro y comienzan a sentirse presionado y agitado al mismo tiempo.

'Boca del meth' ha costado a australianos $ 1 millón más para dental del preso el trabajo en el último año. Estimulantes como la metanfetamina causan del 23% de los costes resultando en dientes manchados o descomposición. Personas en sus 20s pierde todos sus dientes.

Estos son algunos ejemplos de los resultados devastadores del uso de hielo:

Manteniendo a Nuestros Niños Seguros

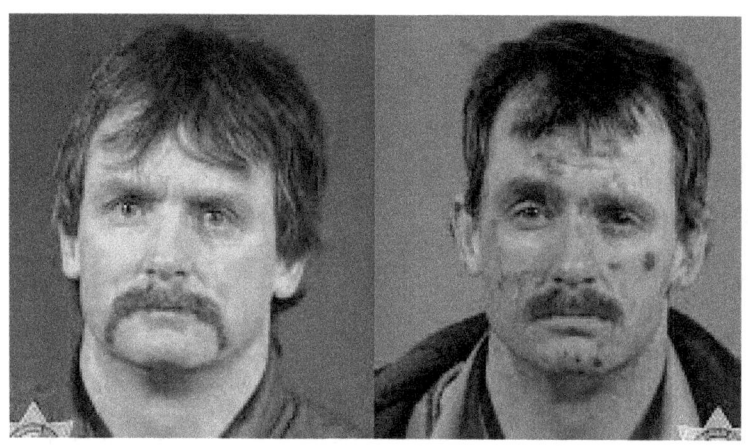

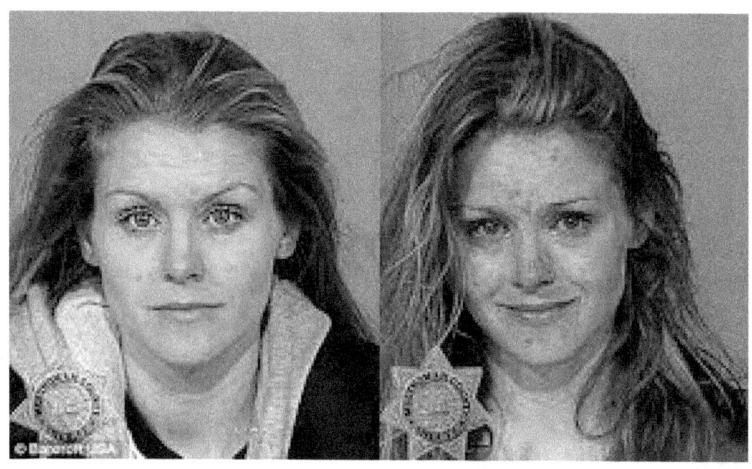

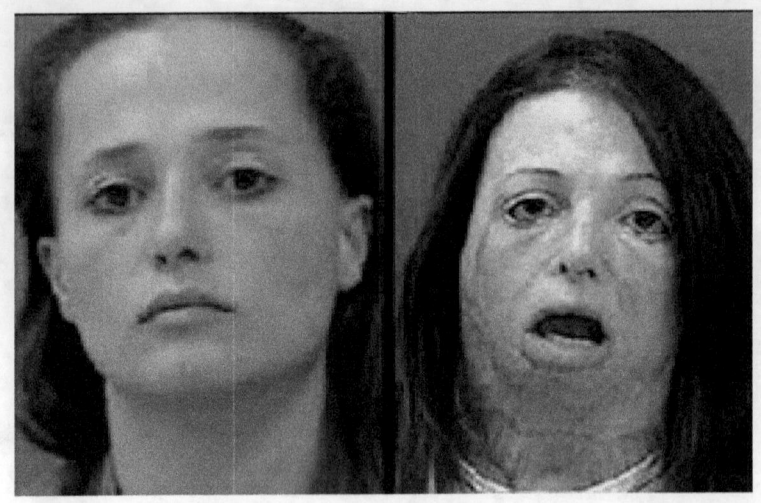

La mujer en esta serie de fotos fue 27 años en la primera fotografía y 30 años de edad en el segundo. Heather Raybon quedó permanentemente marcada con terribles quemaduras faciales después de ser atrapado en una explosión en un laboratorio de metanfetamina en el año 2004. Policía de Florida, dijo que, a pesar del incidente, de cambio de vida, 31 años de edad ha seguido tratar de fabricar metanfetamina de cristal. Ella ha experimentado numerosas cirugías faciales en los últimos siete años.

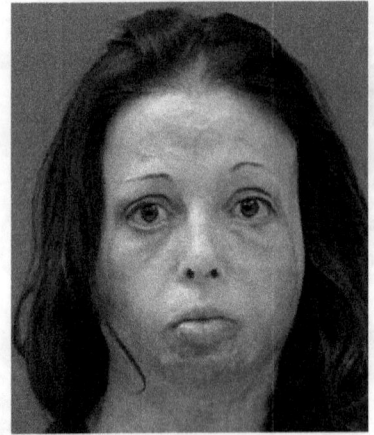

La tercera imagen muestra cómo se veía siete años más tarde.

De hielo cuenta ahora de los usuarios para nueve de cada diez personas que buscan ayuda de los servicios de algunas drogas. Los adictos de hielo suelen perder peso porque no puede dormir o comer, sólo humo hielo con un tubo de vidrio día y noche. Pierden los dientes y su cuerpo convertido en cubierto con llagas de drogas.

Hielo es una droga estimulante, que significa que acelera los mensajes que viajan entre el cerebro y el cuerpo. Es un tipo de metanfetamina, que es generalmente más fuerte, más adictivo y tiene más efectos secundarios que la forma de polvo conocida como velocidad.

En Australia o ne 14 años adicta al hielo chica viviendo en costos de Brisbane el estado $12.000 a la semana para su cuidado, porque ella se niega a dejar de usar hielo y mantiene el funcionamiento para ganar dinero para comprar más drogas.

Hija de la ex premier de Neville Wran NSW Harriet Wran fue detenida el 13 de agosto de 2014 acusado de asesinar a un traficante de drogas. Ella luchó contra una adicción al hielo antes de su detención.

Asesinato de Phil Walsh

Cuervos de Adelaide entrenador Phil Walsh fue asesinado en julio de 2015 por su hijo Cy Walsh, 26. Se cree el hielo de drogas fue un factor en la matanza, pero la policía no ha comentado.

CY fue aprehendido y colocado en una facilidad mental de alta seguridad después de ser cargada con el asesinato de su padre y el apuñalamiento de su madre Meredith en la pierna. Phil fue atacado en su cama y fue apuñalado varias veces en la espalda. CY, huyó a pie, pero fue detenido poco después. Su fecha de corte se establece para el 15 de septiembre de 2015.

Capítulo 7

Teen Depresión y Suicidas

Si hay un inconveniente a la adolescencia, tiene que ser caprichoso comportamiento. Desarrollo emocional y la adolescencia no es fácil para adolescentes o padres. Como su hijo enfrenta presión de aumento en la escuela, social y enfrenta a la confusión y ansiedad durante la pubertad, puede esperar un montón de cambios de humor. Para niñas, cambios de humor pueden ser provocadas por cambios hormonales antes o durante la menstruación, rechazo de sus compañeros y aumento de las presiones en la escuela.

Los cambios de humor pueden presentarse rápida e inesperadamente, pero generalmente son de corta vida. Los adolescentes de Moody a menudo necesitan tiempo solos para calmarse y poner las cosas en perspectiva. Si su adolescente lucha con cambios de humor, ayúdelo a encontrar maneras de manejar positivamente sus emociones. Discuta qué tipo de cosas le hacen sentir mejor y aliéntelo a hacer una de esas cosas para aliviar su ansiedad. Por ejemplo, él o ella podría escuchar música, leer un libro o pasar tiempo jugando videojuegos.

Por qué adolescentes experimentan cambios de humor

Cuando nos detenemos a considerar todo lo que los adolescentes están pasando por emocionalmente, físicamente y socialmente, no sorprende que tienen ataques de mal humor.

Sus hormonas comienzan a fluctuar como se mueven hacia la pubertad y se sienten emocionalmente inestables. Adolescentes carecen de desarrollo emocional para totalmente controlar sus Estados de ánimo y expresar exactamente lo que están sintiendo como siente. Muchos se tratan de un nivel de estrés mayor. Un minuto que aún quieren ser cuidados y protegidos y la siguiente que quiere ser tratado y actuar como a una persona independiente, adulto. Combinar esos elementos y hace que para algunos Estados de ánimo volátiles.

Como los niños poco a poco se convierten en adolescentes, su desarrollo emocional será tan obvio como su desarrollo físico. ¿Adolescente depresión es un problema que se enfrenta a muchos padres que se preguntan si su hijo es simplemente tener un mal día, o esto es un signo de un problema más serio? ¿Qué ha estado ocurriendo en la vida del niño? ¿Cómo normalmente maneja el estrés y esto es de su normal comportamiento?

Aquí es cómo usted podría preparar a su hijo de tener un mal día que de lo contrario puede resultar en depresión.

- **Asegurar que su hijo esté preparado para las pruebas:**

  Olvidar que su hijo tuvo una prueba es probablemente la manera más fácil de arruinar su día escolar. Ayude a su hijo a actualizar un calendario semanal para que él o ella (y usted) sepa cuándo tendrán lugar los exámenes y cuándo se deben los proyectos. Por supuesto, su hijo adolescente no sabrá si un concurso pop está en el calendario, pero al ayudar a los adolescentes a mantenerse al día con sus tareas y al mantenerse en la cima de sus estudios, estarán en una buena posición para esos cuestionarios de sorpresa.

- **Ayudarles a lidiar con un mal día:**

  Si el comportamiento de su hijo está fuera de la norma, simplemente preguntar, *'Entonces, ¿cómo fue tu día?'* No importa cuánta preparación lo hacen antes de tiempo, en algún momento su hijo saldrá de la escuela con un cuento de la aflicción. Pero puede hacer mucho para tener pensamientos de su hijo de sus problemas de la escuela. Por ejemplo, usted debe:

  o Realmente escuchar a su niño si él o ella quiere hablar;

- Encontrar un divertido camino para distraer a la adolescente de sus problemas. Usted podría ir para un paseo en bicicleta o ver televisión un poco juntos;
- Ayuda a solucionar sus problemas. Si tiene problemas con un tema, ofrecen a los tutores, o encontrar a un tutor para ellos. Si están teniendo problemas con un amigo, el papel de posibles soluciones que podrían ayudar a aliviar la situación;
- Dejarlos solos. Algunos adolescentes necesitan un poco de privacidad o tiempo si has tenido un mal día. Dele al niño algo de espacio si eso es lo necesita;
- Contacto de la escuela. Si usted piensa que el problema de su hijo podría ser grave, ponerse en contacto con su consejero maestro o guía puede ser una buena idea, especialmente si usted piensa que la intimidación, violencia, drogas u otras cuestiones graves podrían ser el problema;
- Considere su vida fuera de la escuela. Asegúrese de que sus hijos tienen actividades que se pueden recurrir a después de la escuela. Actividades extracurriculares dan a los niños la oportunidad de ampliar su círculo social y desarrollar a intereses que nada tienen que ver con la escuela. También son una gran distracción cuando su hijo necesita para olvidarse de un mal día de escuela.

Cómo manejar los cambios de humor normales

Así que si usted piensa que usted está tratando con un caso de mal humor adolescente normal - entonces ¿cómo te sientes? Recuerde que su hijo no es para te tortura, pero está luchando con un extraño Cóctel de hormonas, inestabilidad emocional y conflictos sociales. Le corte un poco flojo. Al mismo tiempo, sabe que no está bien para los niños hacer daño a otros con sus acciones, no importa lo están pasando.

Ayudarles a desarrollar sus habilidades de empatía explicando cómo sus acciones afectan a usted o a otros miembros de la familia. *'Usted'* evitar frases como *'Si estuviera totalmente fuera de línea cuando quejan de cena.'* En lugar de usar frases *'yo,'* como *'Me sentí herido cuando me quejé de la cena que pasé haciendo el tiempo.'* Reconozca que su hijo Podría no responder positivamente en ese momento. Sin embargo, antes de que su estado de ánimo se balancee hacia atrás y estarás juntos en el sofá otra vez. Bueno, al menos por un tiempo ...

¿Cuáles son los trastornos del ánimo?

A pesar de cambios de humor adolescentes la mayoría son normales, trastornos del humor pueden y surgen durante estos años a menudo difíciles. Dos trastornos comunes del estado de ánimo son trastorno depresivo mayor y trastorno bipolar. Ambos trastornos implican períodos de bajo estado de ánimo, irritabilidad, apatía, problemas, comer disturbios de la fatiga, del sueño y disminución de concentración.

En el trastorno bipolar, estas deprimieron periodos alternos con períodos de manía o hipomanía (manía de bajo nivel) que incluyen un humor elevado o irritable, dormir menos, hablar más, ser hiperactivo y mostrando falta de juicio.

Más viejos adolescentes o adultos con trastorno bipolar a menudo tienen episodios de estos Estados de ánimo que pueden durar semanas o más, pero un niño con bipolar en cambio puede cambiar entre los Estados altos y bajos con mucha mayor frecuencia.

Diferencias entre el mal humor y trastornos del humor

Entonces, ¿cómo puede saber si su hijo está sufriendo de un trastorno del estado de ánimo o simplemente ser un adolescente? Una diferencia clave es deterioro. Cada adolescente se enfada a veces, pero tome nota de si meditando su adolescente está recibiendo en el camino de ir a la escuela, comer y dormir, participar en deportes o encontrando con los amigos. ¿Él básicamente vive la vida igual que siempre? Si es así, el malhumor es probablemente normal. Mantener un ojo en compañeros y amigos de su hijo. ¿Cómo actúa? ¿Qué tipo de cambios de humor van a través de? ¡Observar el comportamiento típico de su grupo de pares puede ayudar usted gana perspectiva sobre lo que es *'normal'* - aunque no sea nada como lo que es normal para nosotros, los adultos! Por el contrario, debe hablar con su pediatra si su hijo expresa una gran angustia, comienza a desconectar del mundo, dice que quiere *'desaparecer'* o habla sobre el suicidio o quiere hacer daño a otros.

¿Qué tan común son trastornos del ánimo?

Se podrían pensar los trastornos del humor sano mucho como el adolescente. Realmente, sin embargo, estos trastornos son relativamente raros, especialmente en el grupo de edad adolescente. Trastorno depresivo mayor afecta sólo unos dos a cuatro por ciento de personas menores de dieciocho, cada vez más común con la edad. El trastorno bipolar es extremadamente raro antes de la pubertad; sólo 1.2% de adolescentes tiene el trastorno. Dijo, trastornos del humor a menudo sin diagnosticar en la juventud, según la Fundación Bipolar adolescente y niño. No queremos eliminar una situación que podría ser grave.

Exclusión afecta el comportamiento

Adolescentes que fueron excluidos por un corto tiempo en un entorno de laboratorio cambiaron sus comportamientos notablemente. En particular, menos actuaron enérgicamente y más impulsivo que sus pares. Exclusión social es una experiencia poderosa porque se dirige a nuestras necesidades evolutivas para protección y grupo de aceptación.

Cambios de humor debido a la exclusión

Ser excluidos también pueden conducir a cambios en el estado de ánimo. Objetivos de exclusión social tienen sentimientos más negativos y un sentimiento creciente de rabia y tristeza, en comparación con personas que no se excluyen.

Ser cambiante es parte de la adolescencia. Un minuto su hijo es acurrucarse a tu lado en el sofá, al lado del ser que dicen que eres vergonzoso les si les toca en público. A veces los cambios pueden ser más extremos, con su hijo, meditando en su habitación por horas en extremo. Es difícil saber cuándo el mal humor es el subproducto normal del crecimiento y cuando señales algo más grave.

¿Cómo puede saber si su hijo está deprimido?

Estrés, o más apropiadamente *'angustia'* ocurre cuando un individuo cree que las demandas o percibe las demandas de una situación son mayores que su habilidad o capacidad percibida para afrontar la situación. Los mecanismos bajo desafío incluyen ésos que el adolescente tiene que resolver el problema, ya sea emocional, familiar, presiones o presiones de la escuela.

Desde un punto de vista psicológico, la depresión se produce cuando el individuo siente su mundo es siempre desagradable, castigar o le priva de la oportunidad de una vida positiva y satisfactoria. Sus experiencias negativas pueden ser agravados por sentimientos de ser incapaz de cambiar su situación - un proceso de indefensión aprendida.

Los adolescentes con depresión esperan y predicen que sus experiencias desagradables y angustiantes continuarán en el futuro. Las percepciones de culpa de ser responsable de su propia angustia, ya sea a través de las cosas que han hecho o no, o pensamientos negativos sobre su incapacidad para hacer frente, añadir a los sentimientos deprimidos. La combinación de una visión negativa de sus vidas, la expectativa de que continúe, la autocrítica o culpa propia de la situación, junto con la incapacidad para enfrentarse, son los procesos psicológicos característicos de la depresión.

Todos los adolescentes experimentan algún tormento en sus vidas. Está casi permanentemente en sus cerebros y corazones. Pero la depresión es diferente. Es a menudo casi incapacitante en su impacto en el adolescente. Algunos de los síntomas de la depresión adolescente incluyen:

- Tristeza o desesperanza;

- Irritabilidad, ira u hostilidad;
- Llanto o llanto frecuente;
- Inquietud y agitación;
- Dificultad de concentración;
- Sentimientos de inutilidad y culpa;
- Cambios en el comer y el dormir hábitos;
- Retiro de amigos y familiares;
- Pérdida de interés en las actividades;
- Falta de entusiasmo y motivación;
- Fatiga o falta de energía;
- Pensamientos de muerte o suicidio.

¿Qué debe hacer?

Si cree que su adolescente hijo o hija puede estar sufriendo de depresión, es necesario actuar. Depresión adolescente puede pasar rápidamente de mal en peor. Asegurarse que su hijo no desarrolla sentimientos suicidas; si lo hacen, tendrá que responder inmediatamente.

De todas las complicaciones de la depresión no tratada; el suicidio es la más trágica. A menudo se ha llamado *'Una solución permanente a un problema temporal.'* Personas con depresión que toman sus propias vidas hacen porque estás sufriendo dolor psicológico insoportable y percibir que hay no hay más opciones disponibles para ellos. Dolor físico también puede desencadenar sentimientos suicidas, pero el dolor con un origen psicológico puede ser justo como, si no más, intenso.

Tensión de ruptura

Interrupción de tensión difiere de un ataque de nervios o interrupción mental que son la consecuencia de la enfermedad mental. Desglose de estrés es una lesión psiquiátrica, que es una reacción normal a una situación anormal. Los dos tipos de descomposición son distintos y no deben confundirse. Una crisis de estrés es una conclusión natural y normal para un período de prolongado estrés negativo; el cuerpo está diciendo:

'Yo no estoy diseñado para operar bajo estas condiciones de estrés negativo prolongado así que voy a hacer algo dramático para que reducir o eliminar el estrés. De lo contrario, mi cuerpo puede sufrir daños irreparables y debo tomar acción ahora.'

El Dr. John T. O'Brien, Consultor en psiquiatría de la vejez en el Hospital General de Newcastle publicó un libro subtitulado: *'El estrés prolongado puede causar daño cerebral permanente.'*

Un colapso de estrés suele ser predecible, a veces días o semanas de antelación. La persona temor, fragilidad, obsesivo Ness, hiper vigilancia e hipersensibilidad se combinan para convertirse en paranoia. Si esto ocurre, una crisis de estrés es solo unos días o incluso horas y la persona necesita ayuda médica urgente. Aumenta el riesgo de suicidio en este punto. Investigación dice que hombres jóvenes cometen suicidio en cinco veces la tasa como hembras.

Uno mismo-daño

Autolesionarse está vinculada al abuso, embarazos no deseados y divorcio de los padres. Uno de diecisiete hijos se cree daño o uno mismo-daño a sí mismo. Detrás de estos niños es a menudo una familia en apuros. Uno mismo-daña es la causa intencional de dañar su propio cuerpo. Estos incluyen: deliberar uno mismo-daño, autolesión, automutilación, auto-abuso, hiriendo a uno, violencia autoinfligida para suicidio, acto no fatal y corte de muñeca. Todas estas definiciones de uno mismo-daño cubren las mismas acciones:

- Corte;
- Piel ardiente por medios físicos utilizando el calor;
- Quema la piel por medios químicos utilizando líquidos cáusticos;

- Perforando lo suficiente para causar contusiones;
- Cabeza de autoagresión;
- Pelo de la cabeza, las pestañas, las cejas y las axilas;
- Envenenamiento por la ingestión de pequeñas cantidades de sustancias tóxicas para causar molestias o daños;
- Inserción de objetos extraños;
- Mordedura excesiva de las uñas hasta el punto de sangrar y rasgar las cutículas;
- Excesivo rascado mediante la eliminación de la capa superior de piel para causar una llaga;
- Hueso, romper;
- De la roedura en la carne;
- Interferencia de la herida para evitar que las heridas curativas así prolongar el efecto;
- Atar las ligaduras alrededor de cuello, brazos o piernas para restringir el flujo de sangre;
- Abuso de medicamentos sin la intención de morir;
- Abuso de alcohol;
- Uso de drogas ilegales;
- Se permite fumar.

Corte y quema están entre las formas más comunes de autolesión. Los que están fumando y bebiendo a menudo creen que son no conscientemente hacerse daño ellos mismos; pero están tomando parte en un estilo de vida socialmente aceptado. Es sólo una vez que estas acciones se convierten en excesivas que pueden ocurrir problemas.

También existe una fuerte correlación entre los trastornos de la alimentación y el auto-daño. Esto se debe al hecho de que el hambre, la ingesta de alcohol y el vómito autoinducido, el uso excesivo de laxantes y diuréticos, son formas de auto-daño, al igual que la inanición, el atracón y el vómito.

¿Que comete suicidio?

Se ha hecho una distinción entre los que intentan suicidarse y los que llevan a cabo su intento de suicidio. Los intentos de suicidio probablemente sean mujeres y generalmente intentan suicidarse tomando una sobredosis de medicación.

Integradas de suicidio son más a menudo hombres y tienden a usar más letales medios de poner fin a sus vidas. Ambos sexos, sin embargo, pueden caer dentro de cualquiera de estos grupos. Amenazas de suicidio deben *siempre* sido tomado muy en serio. Son un grito serio de ayuda.

Son el principal factor de riesgo para aquellos que completen sus suicidios; depresión mayor, abuso de sustancias, trastornos de personalidad graves, sexo masculino, edad avanzada, vivir solo, físico enfermedad, enfermedad terminal y otros intentos previos de suicidio. Dolor crónico y la enfermedad también se han asociado con el suicidio.

El suicidio es más frecuente entre los jóvenes y los ancianos. Es la principal causa de muerte entre los quince años a veinticuatro. Entre aquellos jóvenes que intentar suicidarse, eventualmente en cualquier lugar entre 0.1 y 10% de estos completan la ley.

La tragedia de una persona joven morir debido a la abrumadora desesperanza o frustración es devastador para la familia, amigos y comunidad. Padres, hermanos, compañeros de clase, entrenadores y vecinos podrían quedar preguntándose si podría haber hecho algo para impedir que esa personita girando al suicidio.

Los motivos de suicidio o intento de suicidio de un adolescente pueden ser complejos. Aunque el suicidio es relativamente raro entre los niños, la tasa de suicidios y suicidio tentativas aumenta enormemente durante la adolescencia.

También se cree que al menos veinticinco son intentos por cada suicidio adolescente terminado.

Sobredosis con medicamentos de venta libre, receta, sin receta medicina y es también un método muy común para intentar y completar el suicidio. Es importante supervisar cuidadosamente todos los medicamentos en su hogar. También ten en cuenta que adolescentes diferentes medicamentos en la escuela de comercio y llevarlos (o almacenarlos) en su armario o mochila.

Las tasas de suicidio difieren entre niños y niñas. Chicas pensaran en intentar suicidarse sobre dos veces tan a menudo como los niños y tienden a intentar suicidio por sobredosis de drogas o se corte. Aún niños mueren por suicidio cuatro veces tan a menudo como las niñas, tal vez porque tienden a utilizar métodos más letales, como armas de fuego, colgante, o saltar desde alturas.

Puede ser difícil recordar cómo se sentía ser un adolescente, atrapado en esa zona gris entre la niñez y la edad adulta. Sin duda, es un momento de tremenda posibilidad, pero también puede ser un período de estrés y preocupación. Hay presión para caber en socialmente, realizar académicamente y a actuar responsablemente y aun así desea caber adentro con sus pares.

La adolescencia es también un tiempo de identidad sexual y las relaciones y la necesidad de independencia que a menudo entra en conflicto con las reglas y expectativas de otros.

Jóvenes con problemas de salud mental - tales como ansiedad, depresión, trastorno bipolar o insomnio - corren un mayor riesgo de pensamientos suicidas. Adolescentes pasando por cambios importantes de la vida (padres divorciados, se mueve, un padre salir de casa debido al servicio militar o separación de los padres, cambios financieros) y los que son víctimas de acoso están en mayor riesgo de pensamientos suicidas.

Factores relevantes al suicidio adolescente

Factores que aumentan el riesgo de suicidio entre los adolescentes incluyen:
- un trastorno psicológico, especialmente depresión, trastorno bipolar y alcohol y uso de drogas () de hecho, aproximadamente el 95% de personas que mueren por

suicidio tienen un trastorno psicológico en el momento de la muerte);

- sentimientos de angustia, irritabilidad o agitación;
- sentimientos de desesperanza e inutilidad que a menudo acompañan a la depresión;
- un intento de suicidio previo;
- antecedentes familiares de depresión o suicidio;
- abuso emocional, físico o sexual;
- falta de una red de apoyo, relaciones pobres con padres o pares y sentimientos de aislamiento social;
- tratando con la bisexualidad o la homosexualidad en una familia, comunidad o ambiente escolar hostil.

Señales de advertencia

Suicidio entre los adolescentes a menudo se produce después de un evento de vida estresante, como problemas en la escuela, una ruptura con un chico amigo o novia, la muerte de un ser querido, un divorcio u otros grandes conflictos familiares.

Los adolescentes que están pensando en suicidio pueden:

- hablar del suicidio o la muerte en general;
- intentos de suicidio previos;
- buscar acceso a algo que pueden matar ellos mismos;
- dar consejos que no podrían ser alrededor;
- hablan de sentirse desesperado o sentirse culpable;
- alejarse de amigos o familia;
- teniendo menos cuidado de su apariencia;
- escribir canciones, poemas o cartas acerca de la muerte, la separación y la pérdida;

- empezar a regalar posesiones preciadas a hermanos o amigos;
- perder el deseo de tomar parte en actividades favoritas o actividades;
- es temperamental, retraído, ansioso, agitado o triste;
- involucrarse en conductas de riesgo;
- incremento del uso de alcohol o drogas;
- tiene dificultad para concentrarse o pensar claramente;
- experimentan cambios en el comer o dormir hábitos;
- participar en comportamientos de riesgo;
- perder el interés en la escuela o deportes;
- demasiado positivo después de un período de ser que puede indicar que han compuesto su mente para poner fin a su vida y siente alivio de que esta decisión ha sido tomada;
- tienen sentimientos de impotencia, que son sin valor, sentirse atrapado, deprimido, irritable y no tienen sentido de propósito o razón de vivir.

El suicidio conciencia/voces de la educación (SA/VE) enumera los siguientes signos de peligro de los contemplando el suicidio:

- Hablar o bromear acerca del suicidio;
- Declaraciones sobre el reencuentro con un difunto amaban uno;
- Declaraciones acerca de desesperanza, desamparo o sin valor-ness. Ejemplo: *'La vida es inútil.'* 'Todo el mundo estaría mejor sin mí'. 'No importa. *No voy a estar por mucho más tiempo de todos modos.'* Deseo que sólo podía desaparecer;
- Preocupación por la muerte. Ejemplo: temas muerte recurrente en la música, la literatura o dibujos;

- Escribir cartas o dejar notas referentes a la muerte o 'el fin';
- De repente, parecen más felices o más tranquilo;
- Pérdida de interés en las cosas que les preocupan;
- Visitante inusual o llamando a la gente que les importa - decir sus adioses;
- Dando a posesiones, hacer arreglos, poner sus asuntos en orden;
- Comportamiento autodestructivo (abuso de alcohol/drogas, uno mismo-lesión o mutilación, promiscuidad);
- Tener varios accidentes resultando en lesiones. Cerrar llama o cepillos con la muerte;
- Obsesión con pistolas o cuchillos;
- Comportamiento de riesgo (conducción imprudente / exceso de velocidad, descuido alrededor de puentes, acantilados o balcones, o caminar delante del tráfico).

Tratamiento

La persona que está deprimida al pensamiento del suicidio necesita ayuda profesional inmediata. No siento miedo de llevar el tema con su hijo. Preguntas acerca de sus planes. Quienes son pasivamente suicidas o tienen sólo vagas ideas de querer morir todavía deben ser tomados muy en serio y arreglos para que ellos a un psiquiatra. Si su hijo parece estar en peligro inmediato de un intento de suicidio, llame al 000 o su hospital local de emergencia y solicitar asistencia. Porque terapia y medicación toman algún tiempo para ser eficaz, puede ser necesario para su niño a ser hospitalizado para su propia protección.

Durante una situación de crisis, no dejarlos solos. No minimizar sus sentimientos. No es importante que el problema parece trivial o fácilmente solucionado para usted. Lo que cuenta es la gravedad el problema les parece. No tratar a su hijo como si crees que sólo busca atención.

Conducta suicida es una indicación del dolor psicológico profundo. Está pidiendo su ayuda; así que estar seguro de dar ahora, no más tarde cuando podrían sentirse que menos apresurado. Asegúrele a su hijo que no es una carga para usted y no es débil si tiene esos sentimientos. En cambio, él alabanza por tener el coraje de pedir ayuda.

Como alerta ya que puede ser para las señales de suicidio en el adolescente, puede ser que ocultar sus sentimientos de usted o siente miedos de acercarse le. Si usted cree que su hijo puede ser clínicamente deprimido, necesita considerar lo siguiente:

Hablar de ello.

Lo primero y lo más importante es abrir las líneas de comunicación. Compartir sus preocupaciones con su hijo. Mención de conductas específicas en lugar de ser general. Expresar su deseo para su felicidad y les pedimos que hablar. Tomar una actitud de escucha activa - escuchar sentimientos y luego reflejarlos hacia atrás. Si usted no ha comunicarse regularmente con su hijo, puede tomar algún tiempo para que le abren a usted. Tome todo el tiempo es necesario. Quizá quieras considerar salir a caminar o tomar un coche por lo que puedes chatear de forma privada. Hacer la experiencia menos intimidante para su adolescente.

Cuando hables, asegúrese de que saben de adolescentes:

- **No es juzgarlos.** Sabes cosas puede ser difícil para ellos, y lo que siente es importante. Aunque sus sentimientos parecen irracionales que, reconocer que son muy reales a su hijo.

- **Ofrecerá una conferencia no.** Su trabajo como padre es escuchar, no precipitarse en respuestas y dirección. Explorar sus sentimientos sin ser crítico u ofreciendo asesoramiento que puede o no ser Bienvenido.

- **Les apoyará.** Si hay cosas que su hijo necesita para atravesar este momento difícil, van a estar ahí para ellos y puede proporcionar recursos para ayudar a.

Concertar una cita con el médico de familia.

Si usted cree que su hijo adolescente está deprimido, él o ella deben ser evaluados por su médico de cabecera para depresión clínica. Su médico de cabecera es familiar y menos peligroso para usted y su hijo y a menudo puede mantener una conversación con su hijo que usted no puede tener. Además, el médico conoce el historial de su niño y probablemente realizará un examen físico y algunos exámenes de sangre para asegurarse de que nada está sucediendo físicamente.

Ver a un especialista.

Si su médico diagnostica su adolescente con depresión, pedir una remisión a un profesional psicólogo, psiquiatra o trabajador social clínico licenciado para obtener ayuda adicional. Usted y su adolescente tendrá que elegir a un profesional que se especializa en trabajar con adolescentes. Deje que su adolescente participar en la elección de los especialistas; no todos los profesionales se conectan con su hijo.

Desarrollar conjuntamente un plan de tratamiento.

Usted, su hijo y el especialista desarrollará un plan de tratamiento que satisfaga las necesidades de su hijo. El plan puede implicar terapia, orientación, medicamentos y un régimen de dieta y ejercicio. Por la visita con el especialista, antes de salir Asegúrese de que todo el mundo entiende lo que implica el tratamiento y lo que se espera suceda en el futuro.

Seguir apoyando a su hijo.

Sólo porque su hijo está ahora en terapia o medicamento no que puede informarse sobre como un padre; participar. Periódicamente, revise con su hijo y ver cómo van las cosas. Alienten a su adolescente a mantenerse físicamente y socialmente activo. Usted podría considerar compartir dicha actividad con el adolescente. Un paseo, carrera, bicicleta o unos aros en la entrada frontal pueden ser terapéuticos para los dos. Asegúrese de recordar a tomar cualquier medicamento recetado.

Tratar con la depresión adolescente puede ser una descarga física y emocional para cualquier padre. Sin embargo, identificar depresión adolescente, trabajando con profesionales médicos para desarrollar un enfoque de tratamiento y constantemente comunicando y expresando el amor a su hijo puede hacer el proceso más productivo para usted y su adolescente y ayudará a construir su capacidad para afrontar la vida como viene.

Para el apoyo y la información sobre suicidio prevención, póngase en contacto con lifeline en 13 11 14 o suicidio llamada servicio de 1300 659 467.

¿Qué pueden hacer los padres?

Muchos adolescentes que cometerán o intentar suicidarse han dado algún tipo de advertencia a los seres queridos antes de tiempo. Por lo que es importante que los padres a conocer las señales de advertencia para que los adolescentes que podrían ser suicido, pueden obtener la ayuda que necesitan.

Comprobar su seguridad. Si usted está realmente preocupado, no dejarlos solos. Retire cualquier medio de suicidio, incluyendo armas, medicamentos, drogas y alcohol – acceso incluso a la utilización de un coche.

Algunos adultos sienten que los niños que dicen que van a lastimar o Matar ellos mismos son 'sólo haciendo atención.' Es importante darse cuenta de que si los adolescentes son ignorados cuando busca atención, puede incrementar la posibilidad de ellos hacerse daño ellos mismos (o peor).

Atención en la forma de visitas de urgencias, citas con el médico y tratamiento residencial generalmente no es algo adolescentes quieren - a menos que están seriamente deprimidos y pensar en suicidio o al menos que deseen que estaban muertos. Es importante ver señales de advertencia como seria, no como 'llamar la atención del comportamiento' que debe ser ignorado.

Mantener una estrecha vigilancia sobre una adolescente que está deprimida y retirada. Entender la depresión en adolescentes es muy importante ya que puede parecer diferente del comúnmente sostenido creencias acerca de la depresión. Por ejemplo, puede tomar la forma de problemas con amigos, grados, dormir, o estar de mal humor e irritable en lugar de tristeza crónica o llorando.

Es importante intentar mantener abiertas las líneas de comunicación y expresar su preocupación, apoyo y amor. Si su hijo confía en ti, muestra que toma en serio esas preocupaciones. Una pelea con un amigo no parece gran cosa a usted en el esquema mayor de cosas, pero para un adolescente puede sentir inmenso y consumo. Es importante no minimizar o de último minuto en lo que va su hijo, como esto puede aumentar su sensación de desesperanza.

Si su hijo no se siente cómodo hablando con usted, sugieren a una persona más neutral, como pariente, otro miembro del clero, un coach, un consejero escolar o médico de su hijo.

Algunos padres son reacios a pedir adolescentes si han estado pensando en suicidarse o se lastima. Algunos temen que preguntando - plantan la idea del suicidio en cabeza de su hijo.

Siempre es una buena idea preguntar, a pesar de que hacerlo puede ser difícil. A veces ayuda a explicar por qué estás preguntando. Por ejemplo, usted podría decir: ' he notado que usted ha estado hablando mucho querer estar muerto. ¿Han estado teniendo pensamientos sobre intentar suicidarse?'

Si usted se entera que su hijo está pensando en el suicidio, ***obtener ayuda inmediatamente.*** Su médico puede derivarlo a un psicólogo o psiquiatra, o departamento de su hospital local de Psiquiatría puede proporcionar una lista de médicos en su área. Su sociedad médica local de salud mental asociación o condado también puede proporcionar referencias.

Si su hijo está en una situación de crisis, su sala de emergencia local puede llevar a cabo una evaluación psiquiátrica completa y derivarlo a los recursos adecuados. Si no está seguro acerca de si debe llevar a su hijo a la sala de emergencia, comuníquese con su médico o el personal del hospital.

Si has programado una cita con un profesional de salud mental, asegúrese de acudir a la cita, incluso si su hijo dice que se siente mejor o no quiere ir. Pensamientos suicidas tienden a ir y venir; sin embargo, es importante que su hijo obtenga ayuda desarrollar las habilidades necesarias para disminuir la probabilidad de pensamientos suicidas y conductas emergerá otra vez si se presenta una crisis.

Si su hijo se niega a ir a la cita, hable con el profesional - salud mental y considerar asistir a la sesión y trabajar con el médico para asegurarse de que su hijo tiene acceso a la ayuda que se requiere. El consejero también podría ser capaces de ayudarle a idear estrategias para ayudar a su adolescente quiera recibir ayuda.

Recuerde que los conflictos en curso entre un padre e hijo pueden combustible el fuego para un adolescente que se siente aislada, incomprendida, devaluados o suicida. Obtener ayuda al aire problemas familiares y resolverlos de manera constructiva. También saber el profesional de salud mental si hay antecedentes de depresión, abuso de sustancias, violencia familiar u otras tensiones en el hogar, tales como un ambiente permanente de la crítica.

Ayudando a adolescentes a sobrellevar la pérdida

¿Qué debe hacer si un familiar, amigo o un compañero de clase, ha intentado o se suicidó? En primer lugar, reconocer a su hijo muchas emociones. Algunos adolescentes dicen sentirse culpables - especialmente aquellos que se sentían podrían han interpretado su amigo acciones y palabras mejor.

Otros dicen que se sienten enojados con la persona que cometió o intento de suicidio por haber hecho algo tan egoísta. Todavía otros dicen que no sienten emociones fuertes o no sé cómo expresar lo que sienten. Asegúrele a su hijo que no hay ninguna forma correcta o incorrecta de sentir, y que está bien hablar de ello cuando él o ella se siente listo.

Cuando alguien intenta suicidio y sobrevive, pueda la gente miedo o incomodo hablar con él. Dile a su hijo a resistir este impulso; Este es el momento cuando una persona necesita absolutamente para sentirse conectado a los demás.

Muchas escuelas dirección suicidio de un estudiante llamando en consejeros especiales para hablar con los estudiantes y ayudarles a superar. Si su hijo está tratando con un amigo o el suicidio del compañero de clase, anímelo a hacer uso de estos recursos o para hablar con usted u otro confiado en adultos.

Suicidio adolescente es prevenible

El suicidio adolescente es un problema creciente de salud. Es la tercera causa de muerte entre los jóvenes de quince a veinticuatro años, superada sólo por homicidios y accidentes. Las causas de la angustia suicida pueden ser causadas por factores psicológicos, ambientales y sociales. La enfermedad mental es el principal factor de riesgo de suicidio. Los factores de riesgo de suicidio varían con la edad, el género, el grupo étnico, la dinámica familiar y los eventos estresantes de la vida.

Factores de riesgo para el suicidio incluyen depresión y otros trastornos mentales y trastornos de abuso de sustancias (a menudo en combinación con otros trastornos mentales). Más del noventa por ciento de personas que mueren por suicidio tienen estos factores de riesgo.

El riesgo de suicidio se presenta con frecuencia en combinación con circunstancias externas que parecen abrumar a adolescentes en riesgo que son incapaces de afrontar los retos de la adolescencia debido a vulnerabilidades predisponentes como trastornos mentales. Ejemplos de factores de estrés son problemas disciplinarios, pérdidas interpersonales, violencia familiar, confusión de orientación sexual, abuso físico y sexual y siendo el objetivo de la intimidación.

En algunas situaciones la persona suicida puede rechazar ayuda y no puede obligarlos a recibir ayuda. Debe asegurarse a que las personas apropiadas son conscientes de la situación. No asumir esta responsabilidad por sí mismo.

Expresar sentimientos emocionales

Cuando los niños acercan a la adolescencia, desarrollar una mejor comprensión de sus sentimientos y pueden expresar mejor sus sentimientos para usted.

Cuando su hijo era más joven, él o ella puede se han enojado, pero fue incapaz de expresar por qué. Como un adolescente, él o ella debe haber aprendido cómo expresar por qué él o ella se siente una emoción particular (positivo o negativo). Esto puede evitar que tener que adivinar constantemente cuál es su estado de ánimo o por qué s / él está malhumorado, triste, deprimido o muy feliz.

Al tratar con adolescentes enojados, asegúrese de establecer límites en cómo está permitidos expresar los sentimientos. Hacia fuera-estalla violenta, agresión física y comportamiento irrespetuoso nunca deben ser tolerado. Enseñe a su hijo a manejar sus emociones sin 'que va de los carriles'. Hacerlo hará que su adolescencia mucho más fácil para ambos.

Predecir el estado de ánimo de su adolescente es prácticamente imposible, pero una cosa es segura: el adolescente más equilibrado exhibirá ira de vez en cuando. Los padres deben considerar todos los cambios sociales, físicos y emocionales que están sucediendo a su adolescente. Ayuda a saber de dónde viene su hijo y la comunicación es la respuesta.

¿Qué causa la ira adolescente?

Entre las edades de nueve y trece años, el adolescente típico tiene que lidiar con un aumento en la cantidad de tareas, cambiar las relaciones con otros niños y niñas, de entrar en la escuela secundaria donde en lugar de ser el más antiguo, ahora son los más jóvenes. También tienen que lidiar con la presión de los pares en.

Adolescentes cambian físicamente, a un ritmo rápido. Sus cuerpos crecen, sus hormonas cambian, y sus cerebros se están desarrollando. Por desgracia, muchos adolescentes no están preparadas físicamente o emocionalmente para sobrellevar todo lo que les está sucediendo. Luchan para hacer frente a todos los cambios en cómo miran, sienten y son considerados por otros. Sentimientos de enojo pueden ser el resultado.

Adolescentes pueden enojarse en lo más mínimo. Un grado de prueba mal puede establecer, mayo una discusión con un amigo, un mal día en el campo de pelota, o una petición para limpiar una habitación.

Arrebatos ocasionales son normales y no son nada para preocuparse. Tenga en cuenta que cuando los adolescentes están enojados, que desean que todos lo sabemos, así que puerta golpear, poner mala cara y gritando están probables que suceda.

Si su hijo perjudica a sí mismo o a otras personas, o daños de propiedad, debe comunicarse con su pediatra. El pediatra puede recomendar un profesional capacitado que puede ayudar a lidiar con la agitación que están pasando.

- Ofrecer sugerencias que podrían ayudar a su adolescente calma abajo. Si la ira de su hijo parece ser escalada, tranquilamente sugieren que ella tome algún tiempo en su cuarto solos para calmarse y reunir en sí mismo.

- Algunos adolescentes encuentran llevar un diario, dibujo, o el ejercicio ayuda a ellos lidiar con el estrés, la ira y decepciones de la vida. También, tiempo a solas con los amigos podría ayudar, como un pequeño tiempo de televisión o video juego.

- Permita que su hijo adolescente ventilar, pero no demasiado. Es ideal para soplar vapor, pero también desea asegurarse de que su hijo no alimentar el fuego y sí mismo aún más.

- Pregúntele a su hijo a considerar cómo evitar que lo que es lo que le está molestando. ¿Hay alguna manera para él/ella manejar positivamente la situación o evitar que vuelva a suceder?

- Pasar por alto pequeños arrebatos ya que son muy normales y una parte de crecer. Su trabajo es ayudar a su hijo a desarrollar habilidades de afrontamiento para que él o ella puede mejorar la manera que reacciona a situaciones malas y decepciones.

Enojo de los niños y su respuesta

Para arranques de ira normal, puede ayudar a su adolescente por:

- Permanecer tranquilo cuando su hijo intenta hablar con usted. Si queda enojado sólo empeorarán su ira;

- Evitar ofrecer sugerencias al principio, dejar que su hijo a través de la charla y evitar criticar o juzgar;

- Dicen, *'Sé que estás enojado, ¿cómo puedo ayudar?'* No diga, *'Esto no es gran cosa. Olvidarse de ella.'*

- Asegúrese de que sus habilidades de escucha están a la altura de la tarea. No interrumpa a su hijo adolescente ya que él o ella explica por qué él o ella está molesta. Haga preguntas para sacar más información y asegúrese de mantener su voz muy, muy tranquila;

- Tenga en cuenta que su hijo puede no estar enojado. Él o ella puede ser decepcionado, celoso, avergonzado, o asustado. Es posible que no sepa cómo reaccionar adecuadamente a la situación a la que se enfrenta, de modo que la ira es el resultado. Ayudar a los adolescentes a identificar sus emociones es un buen primer paso para ayudarles a aprender a lidiar con ellos;

- Asegúrese de que su hijo es dormir lo suficiente. Un niño, privación de sueño se enfadarse más a menudo, porque s es cansado y no puede hacer frente.

No importa si es el año escolar o los meses de verano, muchos adolescentes a no dormir el que necesitan. Para muchos niños el sueño no es una prioridad, pero a pesar de que su hijo está envejeciendo, todavía tiene que descansar. Se recomienda que los adolescentes obtener al menos nueve horas de sueño una noche, pero ocupados adolescentes a menudo se quedan cortas en cumpliendo con esa cantidad. Horarios, tareas, dormir fuera de casa, televisión, mensajes de texto y de computadora son generalmente los culpables.

Conseguir sueño una buena noche de

Aquí es lo que necesita saber sobre el sueño y la cara de adolescentes de obstáculos cuando se trata de conseguir descanso una buena noche de.

1. dejar la cafeína:

Sueño, los niños y cafeína simplemente no se mezclan. La cafeína debe evitarse tanto como sea posible después de 3:00. Los niños que consumen bebidas de cafeína, café, té helado y otras bebidas con cafeína pueden pagar el precio más tarde esa noche. Incluso alimentos como chocolate o café helado pueden tener pequeños rastros de cafeína y deben evitarse después de 3:00.

2. tranquilo tiempo:

A veces es difícil para los adolescentes a la transición de un día agitado a la hora de acostarse. Asegúrese de que toque de queda de su hijo adolescente le permite tiempo para prepararse para la cama y relajarse un poco en casa antes de que se establecen para el descanso. También puede dormir de los niños ayuda ofreciendo sugerencias que ayuden a calmar y comienzan el proceso de descanso. Televisión y equipos deben ser fuera de sus límites una hora o así antes de ideal de su hijo horas antes de dormir. Antes de ir a dormir, los niños pueden participar en actividades que les ayudan a relajarse, como leer un libro o tomando una ducha caliente.

3. dejar de merendar:

Es difícil que un adolescente a dejar de merendar, pero nunca es una buena idea comer justo antes de acostarse. Durante el día, asegúrese de que su hijo tiene un montón de bocadillos saludables para elegir para que conozcas que su cuerpo cada vez mayor está recibiendo la nutrición que necesita y que s / él no está cargado para arriba con azúcar, que puede también dificultar el dormir.

4. Matar a la luz:

Los niños pequeños a menudo necesitan una luz encendida para poder dormir de noche. Sin embargo, luces de noche para adolescentes pueden alterar los niveles hormonales cambiantes e interferir con descanso una buena noche de. Esto incluye dejando sus pantallas de ordenador. Si han dejado en internet – cada correo electrónico que reciben será probablemente resultado en un sonido de computadora para anunciar su llegada. Este pequeño ruido es suficiente para mantener el adolescente despierto la mayor parte de la noche. Antes de ir a dormir, los adolescentes deben ser alentados a apagar cualquier teléfono, música, televisión o pantallas de ordenador en sus habitaciones.

5. reducir la velocidad:

Si su hijo está realmente luchando con acostarse y preocupante despertar en la mañana, tomar una mirada seria en el horario familiar. Adolescentes que son exceso de reservas con actividades pueden necesitar frenar un poco, con el fin de desarrollar un horario de sueño regular.

6. los niños, el sueño y el estrés:

Estrés puede interferir con el sueño de un niño, igual puede con un adulto. Problemas escolares, problemas amigo, bullying problema o problemas en el hogar podrían ser lo que es mantener a su hijo por la noche. Anime a sus hijos adolescentes para hablar sobre estos factores de estrés y ayudarles a lidiar con ellos.

Capítulo 8
Crecimiento para arriba

Peligros de la batería de botón

Pilas botón encontraron en mandos a distancia y otro hogar electrónico dispositivos son un riesgo grave y poco conocido para los niños pequeños y mascotas. Es encontrados en muchos dispositivos comunes: baño escalas; lectura luces, velas sin llama; juegos y juguetes, relojes; calculadoras, linternas y luces de láser; dispositivos de control remoto que abre puertas, puertas de garaje y control MP3 altavoces, tarjetas de felicitación musicales y auditivos. Presentan un problema si se ingiere o insertados en una oreja o la nariz; dondequiera que ha prolongado contacto con el cuerpo y especialmente en las zonas húmedas del cuerpo como los oídos o en el estómago.

Daño se produce cuando la carga de la batería genera una reacción química que causa una lesión cáustica localizada. Es vital para detectar cuándo una batería se traga tan pronto como sea posible debido a la naturaleza de la amenaza implicada. Mientras que la mayoría ingiere foráneas pasará a través del tracto gastrointestinal sin causar alguna preocupación, pilas de botón (dependiendo del tamaño) tienen una tendencia a alojar en el tubo del esófago o de los alimentos. Una vez pegado, daño comienza a producirse después de una o dos horas.

Si la ingesta no ha sido reconocida, la batería podría erosionar a través en órganos vitales, causando muerte y posibles daños catastróficos. Si los padres o dueños de una mascota creen que una batería se podría haber tragado, deben buscar atención médica de inmediato y no darle comida ni agua.

Uno de los mayores riesgos es cuando los padres están cambiando o desechando las baterías que se han ido. No deje baterías nuevas o planas al alcance de los niños ni de las mascotas. Las pilas planas o agotadas aún tienen suficiente vida útil para generar una corriente eléctrica una vez ingerida.

Hay muchas señales que apuntan a la ingestión de una batería tales como: dolor en el pecho, tos, náuseas, vómitos (especialmente si tiene sangre en el mismo) y dolor abdominal o diarrea y fiebre.

Las pilas de botón de litio tamaño moneda pueden alojarse en las gargantas de los niños, donde la saliva provoca inmediatamente una corriente eléctrica, causando una reacción química que puede quemar seriamente a través del esófago en tan sólo dos horas. Lesión relacionada con unos cuatro niños y niñas por semana en Canadá para un servicio de urgencias con una pila de botón.

Un problema importante surge cuando el padre no sabe que su hijo ha ingerido o inserta una pila de botón. Esto está particularmente tan para niños menores de tres años, que son más propensos a ingerir un cuerpo extraño y no poder decirle a alguien sobre ella. Desafortunadamente, los síntomas pueden simular condiciones comunes de la infancia, con vómitos, babeo y tos.

El siguiente artículo fue en un papel de Australia:

'El 30 de junioth, 2013 cuatro años verano entró en paro cardíaco y murió después de la ingestión de una pila de botón de 2 cm que en su esófago.

Su madre, Andrea Shoesmith había ya llevado a su GP Tewantin al menos dos veces antes de sus visitas al hospital. Verano había estado quejando de un dolor de estómago, tenía una temperatura y. Su madre comenzó a notar 'movimientos del intestino negro'. El médico aconseja que en verano tenía un error de estómago y envió a su casa. Ahora se ha determinado que la batería debe haber ingerido antes de que ella viera su GP.

La noche antes de morir, verano había estado vomitando sangre con síntomas como un dolor estómago, deposiciones negras y una temperatura. Ella fue llevada por ambulancia alrededor de la medianoche a la sala de emergencia del Hospital de Noosa y fue dado de alta después de ver a un médico durante unos quince minutos.

Su madre dijo, 'El doctor dijo que era normal, que tenía un sangramiento por la nariz y se traga la sangre y vomitó encima de. Pensé que estaba muriendo.'

Pero cuando verano vomitó 'sangre roja brillante' fuera de las puertas de urgencias, el médico le sacado con pala para arriba y ponerla bajo observación.

Cuatro años fue dado de alta la mañana siguiente a las 6:15 con una diagnosis de la epistaxis (hemorragia nasal). Se le dio una bolsa para vomitar y una pastilla para controlarlo.

Dentro de una hora, sin embargo, verano fue llevado de urgencia hacia el hospital después de su madre dijo que en verano se levantó y vomitó sangre roja brillante y entonces se derrumbó otra vez.

Re-fue admitida en el hospital. Por el momento una radiografía finalmente realizó que la batería y ella era tomado por aire a Brisbane - era demasiado tarde. Sangrado intenso de la boca y la nariz, verano entró en paro cardíaco y fue pronunciado muerto en junio 30th.

Ella fue el primer niño en Australia en morir por haber tragado una batería de litio, aunque una audiencia previa a la investigación reveló que alrededor de 260 niños tragan baterías de litio cada año. En Australia se diagnostican cuatro casos a la semana. La reacción química es desencadenada por la saliva del cuerpo y puede seguir ardiendo a través de varias capas de órganos de tejido a través de la columna vertebral.'

Varios años más tarde un hombre decidido que demandaría de McDonald's para supuestamente le sirve una hamburguesa que contiene una pila de botón. Estaba a medio camino a través de la hamburguesa cuando empezó a atragantarse. Sentí algo duro en la parte posterior de su garganta y tosió con fuerza. Su esposa lo corrió al hospital y pareció lo que bajar y tenía relevación inmediata. Hicieron pruebas y lo mantuvo bajo observación.

Por la mañana estaba en agonía. Los médicos pensaban que podría ser una pila de botón, por lo que tuvo una endoscopia, rayos x y tres colonoscopias antes de quitar el dispositivo. Fue en morfina por días y todavía tiene que tomar medicamento para las úlceras gástricas.

Él ha puesto en marcha acciones legales contra McDonald's que buscan compensación por el dolor y el sufrimiento y para gastos médicos futuros que podría tener. También está demandando a ingreso perdido. En este punto McDonalds no han tomado la responsabilidad de la batería en la hamburguesa. Las investigaciones están pendientes.

Así que no es sólo niños que podrían tragar estas baterías peligrosas y cada uno debe ser cuidadoso acerca de cómo almacenar o deshacerse de las pilas de botón.

Confianza

Los padres necesitan comenzar a ganar la confianza de sus hijos al principio de sus vidas. Los niños necesitan la confianza de sus padres para sentirse amados, pero esta confianza a menudo puede fracasar durante su adolescencia. Los adolescentes (que hasta ahora, no podía esperar a decirle a sus padres todo) puede repentinamente almeja. Esto hace que sus padres empiecen a imaginar lo peor: están drogados, beben en una fiesta o tienen relaciones sexuales con sus parejas. A menudo, cuanto más invasivas se vuelven las preguntas de los padres, menos se revelan los adolescentes.

No haga palanca. Deje que sus hijos tienen su vida privada salvo en cuestiones que son importantes. Asegúrese de que entienden el concepto de *'Las consecuencias de sus acciones.'* Por ejemplo, *'No quiero forzarte a estudiar, pero siento que es importante para mí como un padre para limitar el tiempo que pasa viendo la televisión hasta que tus calificaciones mejoren.'*

Los padres deben explicar por qué necesitan la información solicite y compartir su decepción cuando sus adolescentes rompen su confianza. Cuando adolescentes sienten que sus padres son de confianza (no controlar) va voluntario información ellos mismos.

Si usted tiene hijos adolescentes, ahora es el momento de considerar las siguientes preguntas y llegar a un plan de acción satisfactoria para ambos padres. Esto le preparará para lo que se hace en estas situaciones y dar alguna continuidad a sus acciones si fuera necesario ocurrir. Si usted no ha considerado las siguientes preguntas, piensa ahora, obtener la opinión de su cónyuge y ver cómo desea tratar con ellos:

1. ¿Qué le dirías a tu hijo o hija si no apruebas de su elección de la fecha de?

2. ¿Cómo se establezca citas reglas (semana de noches, fines de semana, toque de queda)?

3. Permitiría a su novia o novio para estudiar con ellos en su dormitorio?

4. ¿Cuándo piensas que debe comenzar su educación sexual? ¿Podría hacer esto dándoles libros sobre el tema? ¿Cómo abordarías el tema y qué les dirías? ¿Hasta dónde llegarías en tus explicaciones? ¿A qué edad?

5. ¿Cómo y cuándo sería hablar con ellos sobre su propia sexualidad? ¿Con su hija? ¿Tu hijo? ¿Sería tan prudente e informativo a tus hijas y tus hijos?

6. ¿Cuándo usted discutir sexo antes del matrimonio, anticoncepción y enfermedades de transmisión sexual?

7. ¿Qué haría usted si su hija de quince años le dijo que estaba embarazada? ¿Qué diría a ella? ¿Cómo se sentiría sobre el padre de su hijo? ¿Qué le aconsejaría a hacer sobre su embarazo o lo dejaría hasta ella? ¿Está informado lo suficiente sobre las opciones disponibles para ella? ¿Usted apoya a su hija, no importa qué opción hizo?

8. ¿Cómo diferenciaría este, si fuera tu hijo quien dijo que su novia estaba embarazada? ¿Cómo se siente acerca de su novia? ¿Qué le aconsejaría hacer?

Relativamente pocas personas abusan de drogas duras en comparación con el número de los que abusan de drogas blandas. Ayudar a su hijo a aprender a decir *'No'* al alcohol y drogas. Asegúrese de que saben que pueden recurrir a usted si ha estado expuestos a la cultura de la droga. Si, su hijo debe ignorar a la persona, a pie o repetir una y otra vez *'No'* como un disco rayado.

Va muchas fuerzas de policía en las escuelas. Agentes de la policía con una exposición en el trabajo y han sido en bustos de la droga, por lo que puede relacionarse con historias personales que inicio con sus audiencias. Esto hace que problemas de drogas y alcohol más real a los niños. Aprenden qué medicamentos parecen y entienden lo que hace una droga 'superior' o 'decepcionante'. Muestran su respaldo a los programas, ofreciendo su ayuda y apoyo.

Algunos adolescentes la brisa a través de sus años de adolescencia con la mínima interrupción para ellos y sus padres. Pero otros, porque tienen tantos problemas de comprensión de sí mismos, tienen dificultad para entender a así sus padres. Algunos hacen cosas intencionalmente para molestar a sus padres. Su comportamiento negativo incluye mentir, desafiar a las figuras de autoridad, dejar sus pertenencias allí y no ir a la escuela.

Duro ser adolescente

Me alegro de que ahora mismo no soy una adolescente. Vendedores ambulantes de drogas y alcohol tentarán. Ven los miembros de su fumar de grupo de pares, bebiendo y tomando drogas y muchos han sido atraídos en 'a probarlo', luego se encuentran en un hábito adictivo.

En la escuela, los estudiantes son a menudo inundados con nada más que negativos. Rara vez escuchan de sus padres y maestros acerca de lo que han hecho bien, pero sin duda escuchar sobre lo que han hecho mal.

Adolescentes son mucho más molestos por sus padres combates que dejaron. Algunos te pierdas la oportunidad de observar amar, alimentar a los padres que se preocupan profundamente por los demás. Sin esta exposición diaria de cómo hombres y mujeres pueden trabajar juntos en armonía, no aprenden a conseguir adelante en las relaciones románticas de los suyos.

Una gran proporción de adolescentes en estos días están viviendo en hogares rotos y sus padres tienen menos tiempo para pasar con ellos. El padre ausente compensa a menudo para el tiempo que no pasan con ellos por prodigar los regalos costosos en ellos. Cuando se les pregunta qué quieren de sus padres, muchos adolescentes dirían, para pasar más tiempo con sus respectivos padres.

Sumado a esto, son las preocupaciones financieras de un hogar monoparental. Adolescentes temen no tienen suficiente dinero para hacer todo en la vida que desean hacer. A menudo, una necesidad inmediata de dinero para la educación es una fuente principal de estrés.

Otros ven a sus padres trabajando para mantenerse al día con el costo de la vida y la cara de la frustración de darse cuenta a menos que tengan una buena educación, también se ser condenados a un trabajo de baja remuneración. Ven a requisitos de ingreso universitarios levantó más y más junto con sus costos. Para muchos, no importa cómo duro trabajan, no se ven ellos mismos poder satisfacer los requisitos mínimos. Los padres deberían alentar a que hagan lo mejor que puedan y si es necesario, obtención clases particulares.

Otro enfoque de los adolescentes es su entorno. Ven el desorden de sus padres, abuelos y antepasados han hecho de su universo y tienen preocupaciones sobre la calidad del agua, aire y alimentos que comen y cómo será su mundo durante su edad adulta.

Conferencias de familia

Cada vez que hay un tema importante que involucra a toda la familia; Llame a una conferencia familiar. Esto podría ser cuando mamá vuelve al trabajo, cuando Papá consigue un ascenso y tiene que desplazarse a otra ciudad, cuando un familiar está muy enfermo y puede morir o cualquier otro asunto familiar importante. Conferencias de familia se realizan para discutir los problemas dentro de la familia, delegar responsabilidades y a tocar la base con miembros de la familia cómo están haciendo en sus vidas.

Para preparar una conferencia familiar sobre la delegación de tareas, un padre de familia escribir todas las tareas que necesitan completar alrededor de la casa y yarda (incluye *todas* las tareas). Copias de esta lista se hacen para cada miembro de la familia que tiene la edad suficiente para leer. Luego se celebró una conferencia familiar:

1. En la Conferencia de la familia, se espera que todos los miembros voluntarios de algunas de las tareas. Luego, llenan los padres en las tareas se sienten confortable manejo.

2. Las tareas restantes se asignan luego. Todos los miembros son libres de negociar y las tareas con un miembro acepta el comercio. Cada persona debe saber cómo y cuándo s / él espera completar sus funciones.

3. Una nueva tarea que nadie recibe formación. Uno de los padres pide a cada miembro de la familia, *'¿Puedo contar contigo para hacer estas tareas competentemente y en tiempo?'* Los padres deben esperar hasta que reciba un compromiso verbal de cada miembro de la familia.

4. Los padres explican también que no quieren tener que fastidiar a alguien para completar sus tareas correctamente.

5. Uno de los padres da seguimiento, para asegurarse de que finalicen las tareas asignadas correctamente.

Si usted ha recibido la excusa, *'No tengo tiempo,'* ayuda a plan de su tiempo. Intentar evitar luchas de poder. Si un niño o adolescente tiene la tarea de sacar la basura, otro tiene que limpiar el cuarto de baño (incluyendo el baño) otra corta el césped, etc. Comenzar la rotación en el trabajo para garantizar la realización de las tareas desagradables.

Para asegurarse de que este proceso funciona, asegúrese de que dar recompensas a tus hijos - signos de amor y aprecio. Reconocer el trabajo bien hecho, arreglando golosinas familiares especiales para trabajo excepcional o cualquier cosa más allá de lo que se esperaba.

De adolescentes de control

Como un padre se lamentó, *'Mi hijo de 16 años ha estado actuando últimamente muy agresivamente. Él grita a su hermana, sus amigos y es irrespetuoso con los adultos. Él también ha empezado a tirar cosas cuando está enojado. Él está fuera de control. ¿Cómo puedo lidiar con su comportamiento disruptivo?'*

Su grupo más cercano de amor duro y asistir a una reunión. Los padres pueden examinar los siguientes criterios para saber si necesitan la ayuda de amor duro. La clave para el enfoque de amor duro es dejar que los niños a ser responsable de su propio comportamiento y las consecuencias de ese comportamiento. Evaluar su situación mediante comprobación de los elementos en las listas siguientes que describen su situación:

Su hijo adolescente se ha fugado:
-Durante la noche;
-Durante dos días;
-Durante una semana;
-Para más de una semana.

Su hijo tiene:
-Cena perdida;
-Sido tarde;
-Sido apedreado o bebido;
-No regresar a casa;
-Durante la noche;
-Durante dos días;
-Durante una semana;
-Para más de una semana.

En casa:

-Usted y su cónyuge discuten sobre el comportamiento de su adolescente;
-Se han retirado de su cónyuge;
-Su cónyuge se ha retirado de vosotros;
-Usted no ha tenido un sueño reparador;
-Odias a escuchar el timbre del teléfono cuando su adolescente no se casa;
-Usted o su cónyuge ha perdido tiempo de trabajo debido a su hijo adolescente.

En la escuela, su hijo adolescente ha sido:

-Tarde;
-Ausentes;
-Novillos;
-Suspendido;
-Has sido llamado por la escuela por mala conducta.

Su hijo adolescente ha sido violenta:

-Verbalmente;
-Físicamente a la casa o muebles;
-Físicamente a usted, su cónyuge o sus hijos;
-Físicamente a otras personas;
-En la escuela;
-Con la policía.

Legalmente, su hijo adolescente tiene:

-Recibido citación;
-Recibidos multas;
-Recibidas las entradas;
-Participado en accidentes;
-Acusado de incidentes de drogas;
-Fueron acusados de beber;
-Se ha detenido.

Si has seleccionado dos zonas en la categoría de escuela, dos zonas en la categoría de hogar y un área en la categoría legal, la crisis es la construcción. Si has marcado más áreas, ya se encuentra en crisis y debe comunicarse con su grupo local de amor duro para ayuda. Pueden ayudar cuando los padres han intentado todo lo demás de la policía a los servicios sociales y los métodos tradicionales no funcionan. Hacerlo ahora, futuro de su familia depende de él.

Muchos programas de asesoramiento y comunidad ayudar a los adolescentes problemáticos. Si usted encuentra que su hijo no responde a sus esfuerzos para ayudar, llamar profesional reforzamiento. Un programa de la comunidad que ha sido exitoso, pares un estudiante modelo con un adolescente en problemas. Consejeros capacitados supervisar el progreso de los jóvenes. El estudiante voluntario modelo proporciona nada de ayuda con la tarea, y un hombro para llorar en compañía.

Hoy en día a menudo parece que los niños tengan todos los derechos. Grupos de amor duros defienden de que los padres tienen derechos también. Esta organización ha ayudado a muchos padres que tienen adolescentes incorregibles. Es un grupo de apoyo para los padres. Estos grupos no hay que culpar a nadie, porque en este momento, no importa lo que causó el problema. La cuestión es - cómo resolver la situación.

Los padres deben establecer una 'línea de fondo' - algo que quieran lograr con su adolescente. Podría ser algo tan simple como insistir que saquen la basura, limpiar su cuarto o usan los auriculares cuando tocan su música.

Usted puede encontrar su grupo local de amor duro por ir a www.toughlove.org.au/findgroups.htm

Trabajo en equipo

Adolescentes una valiosa habilidad aprenden a través de deportes de equipo competitivo, es cooperar con sus compañeros. Esta cooperación a menudo se detiene en el extremo de la tierra de la escuela. Muchos adolescentes ven, hacen poco o nada para ayudar en el hogar, pero tienen mucho tiempo para meterse en problemas.

En muchos hogares de ambos padres o en una casa de un solo padre, el único padre trabaja a tiempo completo lejos de la casa. Sus hijos y adolescentes a menudo se quejan de que sus padres no tienen tiempo para ellos. Su estrés, los padres presionados se aconseja utilizar la energía de sus adolescentes para ayudar con el buen funcionamiento de su hogar. De esta manera, los padres tienen más tiempo para las actividades familiares. Los padres iniciarán esto llamando a una conferencia familiar y asignando tareas a aquellos con edad suficiente para hacerlo.

Pubertad:

¿Qué es la pubertad? ¿Ha su hijo pregunta eso todavía? Si no es así, probablemente será en algún momento. La pubertad es el tiempo de vida cuando las transiciones de un cuerpo en un cuerpo adulto. El proceso toma varios años y puede ser un momento difícil para el niño y los padres. Puede utilizar una oruga, capullo y mariposa como ejemplo. El niño es la oruga, el adolescente es el capullo donde suceden cambios y la mariposa es el producto final de adulto. Pasando por estas etapas puede ser aterrador y difícil para algunas personas.

Hay muchas etapas de la pubertad para niños y niñas. Los padres pueden ayudar sus hijos adaptarse a pubertad y aprovechar al máximo la transición a la edad adulta.

Pubertad de los muchachos:

En algún momento durante la adolescencia, un niño puede comenzar a experimentar las etapas de la pubertad. La relación entre los chicos y la pubertad puede ser complicada para el niño y sus padres. Saber qué buscar puede aliviar su mente y ayudar a su hijo a través de estos enormes cambios físicos y emocionales.

A continuación, se muestran algunos de los signos más típicos de la pubertad en los niños. Tenga en cuenta que estas etapas pueden aparecer gradualmente, y puede tomar varios años para su hijo a recorrer completamente todas las fases de la pubertad.

En general, los niños comienzan pubertad en algún momento entre las edades de nueve a catorce.

Cambios físicos en los niños
- Periodos de crecimiento acelerado;
- Aparición de vello facial;
- Ampliación de los músculos del hombro;
- Desarrollo de los músculos del pecho;
- Olor de cuerpo;
- Granos o brotes de acné facial;
- Crecimiento de vello en pubis y las axilas;
- Crecimiento de los testículos;
- Erección o sueños húmedos;
- Engrosamiento de la voz, aunque esto es más probable en las últimas etapas de la pubertad.

Cambios emocionales en los niños
- Interés en el sexo opuesto;
- Cambios de humor;
- Ansiedad o emoción acerca de los cambios que va a través;
- Menos hablador y abierto con los padres, especialmente sobre cómo se siente;
- Timidez, nerviosismo alrededor de las niñas, o puede ser coqueto con las chicas.

Pubertad para las niñas

Las niñas comienzan la pubertad entre las edades de ocho y doce. Saber qué buscar puede aliviar tu mente y ayudar a su hijo a través de estos enormes cambios físicos y emocionales. Mientras que algunos de los signos de la pubertad pueden tomar un tiempo para desarrollar, otros pueden aparecer como si sucedieron durante la noche.

A continuación, se presentan algunos de los signos más típicos de la pubertad en las niñas. Tenga en cuenta que estas etapas pueden aparecer gradualmente y puede tomar de tres a cuatro años para que su hijo pase por todas las fases de la pubertad. Comparta estos signos con su hija adolescente, para que sepa qué esperar. Uno de los primeros signos de la pubertad en una niña es que se queja de que su pecho duele como pequeños pechos comienzan a formarse.

Asegúrese de explicar cómo podría manejar su primer periodo si no estás cerca para ayudar, como cuando ella está en la escuela o fuera de casa. Cómo prepararla:

Para empezar, hable con su hija acerca de qué esperar cuando comience su período. Explique algunos de los cambios comunes que una niña puede experimentar antes de que comience su período, como calambres, dolores de cabeza, falta de energía, sensación de humedad en sus calzoncillos, etc. También, tome el tiempo para mostrarle cómo usar correctamente un cojín, De modo, que sí, no estás allí, sabrá qué hacer.

Explique a su hijo, que sí, piensa que su período ha llegado, necesita pedir permiso para ir al baño de las niñas para comprobarlo. (Es una buena idea para todas las niñas adolescentes mantener un bloc en sus bolsas de libros o casilleros de la escuela, por si acaso. Una almohadilla pequeña puede caber fácilmente en un monedero o un bolso pequeño.) Si su hija no tiene una almohadilla, dígale que vea a la enfermera de la escuela lo antes posible. La enfermera será capaz de proporcionarle uno. Algunas escuelas tienen máquinas de toalla sanitaria en las salas de descanso, pero advierten que no dependen de ellos tener suministros o ella puede no tener las monedas necesarias para comprar uno.

Período estrategia: pensar en el futuro

Si tu hija adolescente se dirigía a campo o en algún otro lugar por un período prolongado de tiempo, usted necesitará pensar en el futuro. Paquete de unos cojines en su maleta. Darle una carta para dar a su consejero debe conseguir su primer período mientras que ella está lejos. La carta debe explicar la situación, así como otra información su consejero que deba saber sobre ella.

Asegúrese de que su hija entiende que ella es darle la carta a su consejero sólo si viene de su primer período. También, explicar a su hija que si su primer período llega mientras ella está en el campo, ella deba abstenerse de nadar hasta que su flujo ha terminado.

Asegúrese de que su hija está bien informada sobre la menstruación y los cambios normales de la pubertad. Hay muchos maravillosos recursos disponibles hoy en día que realmente ayudar a las niñas a través de estos cambios de forma positiva. Además, si usted ayuda a su hija aprender su periodo una vez que ha comenzado a menstruar, que ayudarán a facilitar su estrés y la ansiedad un poco y le ayuda a saber cuándo estar alerta para su época a partir.

Por la preparación de su hija, ella sabrá que no hay ninguna razón para preocuparse cuando comenzará su período, porque cuando comenzó, ella estará lista.

Cambios físicos en las niñas

- Periodos de crecimiento acelerado. (Las niñas suelen ser más altas que los niños de su edad en esta etapa);
- Desarrollo de las mamas;
- Forma del cuerpo cambia a medida que la grasa corporal se acumula alrededor de las caderas y los muslos, dando a las niñas una forma curvilínea;
- Sesiones específicas de olor y la piel de cuerpo debido a la producción creciente de aceite de la glándula;
- Crecimiento del pelo en la zona de las axilas, las piernas y en el área púbica;

- Menstruación comienza típicamente alrededor de los doce años.

Cambios emocionales en niñas

- Cambios de humor pueden empezar, salpicado de episodios de ira, tristeza y otras fluctuaciones emocionales;
- Sentimientos románticos y el interés por el sexo opuesto pero los niños de su edad suelen ser más cortos, por lo que pueden gravitar hacia niños mayores;
- Ansiedad o emoción acerca de los cambios que están atravesando;
- Preocupación mayor responsabilidad, conexión social y separación de sus padres.

Adolescentes pueden llegar a ser consciente de sí mismo

Una parte importante del desarrollo emocional es la conciencia de sí mismo. Como su hijo se vuelve más consciente de sí misma y el mundo a su alrededor ella podría ser tímida sobre su aspecto, su ropa y casi todo lo demás. Durante la adolescencia las niñas a menudo se comparan con sus pares y con las imágenes que ven en revistas, en televisión y en las películas. Por desgracia, muchas chicas creen que no son como talentosa, bonita, inteligente o agradable como otras chicas.

Durante la adolescencia, las niñas necesitan suave tranquilidad que no hay nada malo con ellos, y que está desarrollando la manera en que se significan para. Explique que es un trabajo en progreso y sólo pasan por las etapas necesarias para que se conviertan en una mujer. Ofrecer su amor y apoyo y preguntar cómo puede ayudar a ocuparse de cuestiones que pueden estar luchando con. También, ser conscientes de los signos de trastornos de la alimentación, así como los síntomas de la depresión.

Razonamiento y desarrollo emocional

A medida que crece su hijo él o ella puede mostrar signos de razonamiento sofisticado, otro hito importante en el desarrollo emocional de su hijo. Como su hijo piensa más como un adulto, es comunicarse con él o ella un poco más fácil y un poco más difícil.

Cuanto más el niño entienda, más fácil es para hacer su punto y que transmitir a él. Sin embargo, los adolescentes son famosos por tratar de negociar con sus padres o para encontrar inconsistencias en sus padres, razonamiento que puede utilizar contra ellos. Espera su hijo para usted y las decisiones que toman de vez en cuando.

Asegúrese de manejar sus propias emociones cuando su hijo está presionando los botones. Asegúrese de tomarse un tiempo de espera cuando piense que podría "perderlo".

También, está bien tener tiempo para pensar en cómo desea responder a su hijo cuando él o ella ha desafiado su autoridad o presenta un lado un tema que no había considerado. Se podría decir, *'Está claro que este es un asunto complicado. Necesito tiempo para pensar en esto y después de hacer, vamos a hablar sobre él otra vez.'*

Desarrollo emocional y sentimientos románticos

Adolescentes pueden empezar a mostrar un interés romántico en otros incluso tan jóvenes como de nueve años. Por lo general, adolescentes no son lo suficientemente maduros como para manejar citas, pero puede hablar de citas, que quieren hasta la fecha y mención a compañeros que ya están saliendo.

No desea prohibir a su hijo hasta la fecha, ya sólo se anime a su hijo a rebelarse contra ti. Permita que su hijo se mezcle con los miembros del otro sexo *en grupos* (como son cercanos en edad). Pasa nada por permitir a su hijo a pensar en liga, pero no fomentar citas hasta que el niño está realmente listo para la experiencia alrededor de trece o catorce.

Capítulo 9

Entrar en la escuela secundaria

A partir de secundaria

A partir de la escuela secundaria puede ser desalentadora para algunos adolescentes. Para ayudar a su niño a ajustar, comenzar a discutir los tipos de cambios que puede esperar mucho antes de ese primer día de clase. Tómese su tiempo y estar ahí para responder a cualquier pregunta que pueda tener su hijo.

Si su hijo es como más, que probablemente está sintiendo una mezcla de excitación y aprensión ante la posibilidad de comenzar la escuela media. Se va de ser de los más antiguos alumnos de un colegio para ser el más joven. Ayudar a hacer de adolescentes la transición de primaria a secundaria ayuda a prepararlos para un buen año académico. Aunque puede ser difícil para usted o su hijo a decir adiós a la escuela primaria, los años de escuela intermedia proporcionan un montón de oportunidades para su hijo o hija para el desarrollo social, académico e intelectual.

Para obtener en el pie derecho, considere los siguientes indicadores.

En los cambios

Asegúrese de que su adolescente entienda que la escuela puede ser muy diferente de la escuela primaria. Ayudarles a entender que sus profesores esperan que sean más responsables y asumir tareas adicionales. Armarios, clase de gimnasia, ducha obligatoria después de gimnasio, varios maestros y un nuevo grupo de niños pueden ser algunas de las nuevas experiencias de su hijo. Además, adolescentes será responsables de encontrar sus nuevas aulas y llegar a tiempo para cada clase.

Al alza, señalan que la escuela ofrecerá actividades sociales y clubs que escuelas primarias nunca tuvo, como banda, clubes deportivos y otras oportunidades. También, muchas cafeterías de la escuela secundaria ofrecen artículos tales como un bar de ensaladas, barra de patata o un bar de pizza. Averigüe lo que ofrece la escuela de su hijo en actividades extracurriculares como clases electivas. ¡Acentuar lo positivo!

A continuación, se presentan algunos pasos que puede tomar para prepararlos para los desafíos y beneficios de la escuela media.

1. hablar de la parte superior de la escuela secundaria

La idea de pasar a la escuela media puede ser aterrador para algunos niños. Pero la escuela media ofrece muchos beneficios y oportunidades. Hable con su hijo adolescente sobre todas las organizaciones y clubes que él o ella será capaz de unirse, así como la independencia que viene con ser un adolescente. Señale otras oportunidades que ofrece la escuela y aliéntelo a participar de inmediato, cuando todos en su clase son tan nuevos en la escuela como él o ella.

A partir de secundaria es una transición para cualquier adolescente. Pasado son los años primaria cómodos donde disfrutaron de recreo. Ahora cambio de sala para asistir a las clases sobre diferentes temas. Habrá un aumento en la cantidad de tarea y se le dará mayor responsabilidad y se espera a hacer las cosas. Para ayudar a sus hijos a prepararse para los cambios que se enfrentan en la escuela secundaria, asegúrese de concentrarse en los maravillosos beneficios que disfrutará también.

Se tienen:

- La oportunidad de tomar cursos electivos tales como deportes, banda, música o arte;
- La oportunidad de participar en clubes después de la escuela o en el gobierno del estudiante de secundaria;
- Su propio armario para decorar y personalizar;
- La oportunidad de conocer y hacer nuevos amigos;

- Una variedad de maestros con los estilos de enseñanza diferentes;
- A pocos minutos de tiempo entre las clases;
- Más opciones de menú en la cafetería de la escuela;
- El conocimiento que los estudiantes se iniciará nuevo al igual que ellos.

Tendrán la oportunidad de:

- Ser tratada más como un adulto y menos como un niño;
- Probando para obras de teatro escolares, equipos de la escuela, o cheer leading escuadrones;
- Teniendo un idioma extranjero por primera vez;
- Salir de la escuela temprano en el día;
- Ir a los bailes escolares.

2. abordar los miedos de su hijo sobre la escuela secundaria

Muchos adolescentes pueden preocuparse por encontrar sus clases, abrir sus armarios o vestirse para clases de gimnasia. Abordar los temores de su hijo a medida que ocurren y señalar que todos en su clase son nuevos en la escuela y las reglas de la escuela. Además, señale que muchos de sus temores se abordarán en una casa abierta u orientación de la escuela, ya sea antes o poco después de que comience la escuela. Asegúrese de que su hijo asista porque él o ella aprenderá el diseño de la escuela, reglas y procedimientos importantes, y donde se ubicarán sus clases.

Hablar de su horario para que él o ella tiene una idea de cuánto tiempo se tarda en llegar de una clase a otra. Tenga en cuenta que él o ella puede tener que usar un baño o una parada para tomar una copa en el bebedero. Si su hijo pierde la orientación, o si la escuela intermedia no ofrece una, llame al director y pida un tour de la escuela intermedia durante los meses de verano.

Mientras tanto, pasar un poco de tiempo enseña a su hijo a usar una combinación de armario y ofrecen consejos sobre cómo llegar a sus clases a tiempo.

Una vez que los adolescentes tienen su nuevo horario de clases, ayudarles a organizar sus pertenencias para que sepan lo que deberán traer con ellos entre visitas a sus casilleros.

Explique que deben evitar hablar con los amigos entre las clases, lo que puede hacer que lleguen tarde.

Finalmente, explique que su hijo se sentirá mucho más cómodo en la nueva escuela en unas pocas semanas.

3. preparar su hijo para los cambios

Asegúrese de que usted ir sobre otros cambios que su hijo es probable encontrar tales como presión, aumento de tareas, hacer nuevos amigos, participar en clubes o actividades y mayores responsabilidades en el hogar. Su hijo probablemente encontrará con nuevas reglas de la escuela cuando él o ella comienza la escuela secundaria. ¿Qué debe hacer él o ella si se rompe uno de ellos accidentalmente? ¿Cómo él o ella debe reaccionar?

4. ayuda con la tarea

Tareas durante los años de escuela media tienden a aumentar y los padres pueden a menudo se encuentran incapaces de ayudar a con temas específicos. Pero los padres todavía pueden hacer mucho para ayudar a sus hijos a afrontar las tareas y completar proyectos de clase. Trucos incluyen la configuración de un entorno que ayude a su adolescente concentrado en la tarea para completarla rápidamente. También es importante mantener un calendario familiar para seguimiento de proyectos y asignaciones especiales y mantener su hijo organizado.

5. tomar un Tour de la escuela media

Touring escuela de su hijo, ya sea juntos o por separado, es una maravillosa manera de responder a cualquier pregunta de su hijo podría tener sobre la escuela secundaria y aliviar cualquier ansiedad. Un tour mostrará a su niño donde él o ella puede encontrar todas las lugares, tendrá que ir durante el día (gimnasio, cafetería, taquillas, etc.) y que le dará un sentido de confianza en su primer día.

6. considere los recursos sobre la escuela secundaria

Hay una serie de libros en el mercado que pueden preparar a su hijo para los ajustes de la escuela media. Algunos son muy específicos, escritos exclusivamente para adolescentes o adolescentes. No es una mala idea hacer una inversión en uno de estos recursos. Incluso pueden ayudarle a entender mejor algunos de los desafíos que su niño enfrentará y que pueden ayudarle a ayudar a su hijo adolescente.

Algunos de los de las niñas son:

- Guía de la niña inteligente a partir de secundaria;
- Guía de una chica inteligente a los niños;
- Guía de una chica inteligente de problemas de amistad;
- Guía de la niña inteligente de situaciones pegajosas, y
- Guía de una chica inteligente de modales.

Todos los autores de Julie Williams.

Cómo facilitar la transición

Organizarse:

El primer paso es preparar el día antes de tiempo. Asegúrese de que su hijo sabe que antes va a la cama su:

- la tarea debe ser acabado;
- ropa para el día siguiente debe ser elegida;
- almuerzo hecho; y
- mochila y zapatos ella esperando en la puerta de entrada.
- Además, asegúrese de tener un reloj de alarma de trabajo y asegúrese de que configurar para que tengan suficiente tiempo en la mañana para comer y prepárate para la

escuela. Esta es su responsabilidad - usted no debería ser responsable de asegurar que levantarse a tiempo. Por estar preparado y listo para ir cuando se despiertan, podrán minimizar problemas que podrían ocurrir. También estarán más propensos a coger el autobús a tiempo, y falta el autobús escolar es una manera fácil de bajar el día con mal pie.

Fomentar amistades fuertes:

Estudiantes enfrentan a muchos problemas sociales mientras que, en la escuela, incluyendo la exclusión social y acoso escolar. Asegúrese de que su hijo toma el tiempo para desarrollar amistades fuertes, que pueden ayudar si su hijo se encuentra con problemas en el autobús o en la escuela. Amistades también ayudar a su niño a lidiar con cuestiones de profesor, problemas de tarea y otros problemas adolescentes.

Ser excluido de un grupo puede tener devastadores efectos, hasta e incluyendo el suicidio.

Independencia de la enseñanza a su hijo

Es posible que desee comenzar a dar a sus adolescentes un poco de independencia una vez que comienzan la escuela secundaria. Para muchas familias, es durante los años de la escuela intermedia que los niños pueden quedarse solos por primera vez. Este hito debe ser abordado cuidadosamente y con mucha consideración y preparación. Tómese el tiempo para la transición de sus adolescentes de ser constantemente supervisado a estar solo en casa. Asegúrese de revisarlos periódicamente para asegurarse de que están a salvo y usar su tiempo a solas sabiamente.

Deben ser alentados a ser parte del equipo de la familia y asumir algunas de las tareas que sus padres han hecho en el pasado. Por ejemplo, porque el adolescente probablemente llegará a casa antes de que los padres, tienen sus hijos e hijas tomar medidas para comenzar con la preparación para la cena. Uno podría poner la mesa; Otro podría pelar las verduras, y otro podría hacer una ensalada o simple desierto.

Llame a una conferencia familiar con sus hijos y enseñarles cómo pueden participar como parte del equipo – de su familia:

Cómo hacer una cama:

Muchos niños pequeños pueden hacer sus camas bastante bien, pero te sorprenderías cuántos preadolescentes ha *'olvidado'* o nunca aprendió en primer lugar. Pregunte a sus hijos a hacer la cama todos los días antes de la escuela. Además, les enseñamos cómo quitar las hojas para lavar y reemplazarlos más adelante. Su cama es algo que puede hacer cualquier adolescente. Los fines de semana, debe ser responsables para la limpieza de sus habitaciones, aspirar las alfombras que pueden puede también motivo a recoger el desorden en sus habitaciones.

Cómo hacer una comida sencilla:

Cuando que sus hijos son adolescentes, debe ser capaces de hacer una comida sencilla. Podría ser una ensalada, un sándwich o tal vez sólo una lata de raviolis o sopa. Sus hijos deben saber todas las reglas de seguridad, especialmente si están usando el microondas o el horno, que puede suponer ciertos riesgos. Si estás incómodo con sus niños cocinando - enseñarles cómo hacer una mantequilla de maní y jalea sándwich o una ensalada saludable.

Cómo contribuir a la familia:

Adolescentes deben contribuir a las tareas familiares. Las tareas que puede hacer su niño podrían incluir limpieza el cuarto de baño que usan, alimentación mascotas, cargar y vaciar al lavavajillas, barrer el porche o aspirar. Su niño también puede lavar la ropa (supervisado). Les enseñamos cómo clasificar la ropa por color, cargar la máquina, agregue detergente y trabajar a la secadora. Una vez los niños han dominado una tarea, enseñarles otro para ampliar su conjunto de habilidades cada vez más.

Cómo priorizar:

Su adolescente probablemente no puede priorizar como puede, pero deben ser capaces de priorizar básica principal, tales como: debe trabajar en su proyecto de ciencia que mañana, o deberían ver televisión. Por supuesto, se pueden esperar que los niños a pensar como un adulto, pero debe notar crecimiento en cuanto a priorizar y tomar responsabilidad para algunos aspectos de sus vidas.

Cómo pedir ayuda en caso de emergencia:

Emergencias pueden ocurrir en cualquier momento, así que es importante que sus niños sepan cómo responder si algo va mal, y no estás allí. Adolescentes deben saber cómo comunicarse con usted, un vecino de confianza, así como su forma de llamar a emergencia servicios 999.

Cómo recoger después de él/ella:

A sus hijos se les debería haber enseñado a limpiar después de sí mismos antes de comenzar la educación preescolar. Si los adolescentes están dejando su ropa en el suelo, su plato de la cena en la mesa y su cepillo de dientes en el fregadero es el tiempo de recuperación.

De hecho, sus hijos son edad suficiente ahora no sólo recoger después de ellos mismos, pero también lo suficientemente viejo para ayudar a recoger otras cosas en el hogar. Anime a sus hijos adolescentes a limpiar la mesa después de las comidas y ordenado la sala de televisión, antes y después de ven amigos.

Prácticas básicas de higiene:

Por ahora sus hijos adolescentes deben tener conceptos básicos de higiene hasta una ciencia. Deben cepillar sus dientes por la mañana y noche sin ser preguntado. También debe lavar su cara y cepillado su cabello sin tener que recordar. Es posible que aún tenga que alentarlos a que se bañen y usen desodorantes, pero si persisten, lo eliminarán rápidamente.

Discutir las reglas de la escuela secundaria:

Si su estudiante medio tiende a conocer las reglas de la manera dura, le Ahorre un poco de tiempo visitando la escuela vestimenta, reglas de teléfono celular, reglas en el autobús, y reglas de cafetería. Discutir la política consecuencia de la escuela (y la suya, también).

Hablar sobre las presiones sociales:

Los años de secundaria presentan enormes presiones sociales para los niños y les presenta a una variedad de peligros. Aprovechar cada oportunidad posible para reforzar las reglas de su familia y valores sobre tabaquismo, drogas, alcohol, citas y otros temas o preocupaciones.

Juego de roles con sus hijos acerca de cómo debe reaccionar cuando se enfrentan a un compañero de clase que quiere que fume o beba alcohol. Estar al tanto de la situación social de sus hijos por conocer sus amigos y sus padres. Si usted ve un cambio en la personalidad de sus hijos, o sus calificaciones empiezan a caer, tomar acción. Póngase en contacto con el consejero de orientación de la escuela para averiguar si puede haber algo que hacer en la escuela o en el autobús, como intimidación. Recuerde a sus hijos de vez en cuando que estás allí para ayudar, y que puede conversar con usted sobre cualquier cosa.

Pregunte acerca de preocupaciones:

Asegúrese de darles a los niños muchas oportunidades para hacer preguntas sobre su nueva experiencia y expresa preocupación. Usted puede pensar que su hija se tensiona sobre modificación de las clases, cuando que realmente puede estar preocupada acerca de si o no recuerda la combinación de su casillero.

Evaluar destrezas y habilidades de su hijo:

A partir de una nueva escuela es lo suficientemente difícil, pero empezar cuando estás luchando con las matemáticas o la lectura puede hacer la experiencia una pesadilla. Consideran servicios de tutoría si habilidades académicas del niño no están donde deberían estar. Además, pregúntele a la escuela media cualquier recurso que pueden proporcionar para ayudar a su hijo a tener éxito académico.

Conclusión

Como padres, espero que usted tomó esta información al corazón y se informará mejor sobre lo que puede hacer para ayudar a sus adolescentes y adolescentes que sea a través del campo minado que van a entrar en.

Siempre he creído que los primeros cinco años de vida de un niño son los más importantes. Ésos son los años donde aprenden sobre la vida; lo que está bien y qué está mal. Así que empezar a la derecha y pasar tiempo de calidad con sus hijos, sin importar la edad. Enseñarles no a intimidar a otros y cómo tratar con un agresor y no se convierten en objetivos.

La comunicación es la respuesta. Preguntando las preguntas correctas y que tus hijos sepan que estás allí para ellos; que te amo sin importar lo hacen - es el camino para seguir. Al principio, podrían negarse a esto, pero si persistís, lentamente, pero seguramente vendrán.

Bibliografía

Roberta Cava — *Cómo tratar con personas difíciles - Cómo tratar con clientes desagradables, exigentes jefes y colegas poco cooperativos;*

Tratar con Cónyuges y Niños Difíciles;

Tratando con Parientes y Suegros Difíciles;

Tratar Situaciones Difíciles - en el Trabajo y en Casa;

¡Lidiando con las intimidaciones en el lugar de trabajo - la deshonra corporativa de la sociedad!

¡Lidiando con matones escolares - la desgracia educativa de la sociedad!

Manejo de la Violencia Doméstica y el Abuso Infantil – ¡la desgracia Judicial de la Sociedad! y

Intimidios del retiro de la aldea.

Jo Frost — ***Supernanny – cómo obtener lo mejor de sus hijos;*** Publicación Kingswell. 2005

Julie Williams Montalbano — ***Guía inteligente chica de modales;*** American Girl, 2004

Guía de la niña inteligente a partir de secundaria; American Girl, 2004

Guía de una chica inteligente de problemas de amistad; American Girl,

2013

Nancy Hoyoke & Bonnie Timmons	***Guía de una chica inteligente a los niños;*** Chica americana, 2001
	Guía de una muchacha inteligente de situaciones pegajosas, repulsivo; American Girl, 2002
Frank C Hawkins	***Guía del cuerpo del niño;*** Libros de guía del niño
Gary J. Campbell y Frank C Hawkins	***Guía 2 chicas del niño;*** 2012
José Connolly	***Los niños y las niñas;*** 2015, publicación de Quercus.
Kate Gruenwald Pfeifer	***Guía del niño para convertirse en un adolescente;*** Asociación Médica Americana 2006
Marilyn Mairs Saunders	***Crecer inteligente;*** Amazon libros, 2015
Irene Keller	***Conejo de Benjamin y el peligro extranjero;*** Littlehampton libro Services Ltd, 1985
Raffi Cavoukian	***Lightweb; Darkweb – tres razones para la reforma social media be4 reformas;*** Prensa patria, 2013

www.ingramcontent.com/pod-product-compliance
Lightning Source LLC
LaVergne TN
LVHW051559070426
835507LV00021B/2663